DeepSeek
帮你玩赚全媒体运营

余智鹏 编著

人民邮电出版社
北　京

图书在版编目（CIP）数据

DeepSeek 帮你玩赚全媒体运营 / 余智鹏编著.
北京：人民邮电出版社，2025. -- ISBN 978-7-115-67063-2

I. G206.2-39

中国国家版本馆 CIP 数据核字第 2025A09G68 号

内 容 提 要

本书针对新媒体运营者需求编撰，系统讲解 DeepSeek 辅助运营的相关技术，旨在帮助读者提升运营的效率和质量。

本书先剖析新媒体运营面临的挑战，再介绍 DeepSeek 入门、部署与提示词使用技巧，让读者了解基本操作方法；接下来深入新媒体运营底层逻辑，传授如何结合 DeepSeek 打造爆款选题、撰写文案等；最后，结合飞书、Coze、XMind、MakeBestMusic、Canva 和即梦 AI 等实用工具，对多个实战案例进行详解，让读者更加具体、直观地理解 DeepSeek 在新媒体运营中的使用技巧。通过本书，读者不仅能了解理论知识，更能掌握实际操作技能，借助 DeepSeek 全方位提升新媒体运营能力。

本书适合自媒体博主、新媒体从业者、电商运营人员和对人工智能技术感兴趣的读者阅读。

◆ 编　　著　余智鹏
　　责任编辑　张丹丹
　　责任印制　陈　犇
◆ 人民邮电出版社出版发行　北京市丰台区成寿寺路 11 号
　　邮编　100164　电子邮件　315@ptpress.com.cn
　　网址　https://www.ptpress.com.cn
　　三河市中晟雅豪印务有限公司印刷
◆ 开本：700×1000　1/16
　　印张：6.5　　　　　　　　　　2025 年 6 月第 1 版
　　字数：136 千字　　　　　　　　2025 年 6 月河北第 1 次印刷

定价：29.80 元

读者服务热线：(010)81055410　印装质量热线：(010)81055316
反盗版热线：(010)81055315

前言

也许读者正面临如下困境：多次修改文案到凌晨，耗尽心力制作的视频发布3天播放量为两位数，面对繁杂的数据报表束手无策……这是众多自媒体运营者都曾经历的"至暗时刻"。这并非因为运营者能力不足，而是因为运营者尚未掌握当今时代的创作规则。在传统运营方式遭遇算法变革的冲击时，运用人工智能（Artificial Intelligence，AI）技术将成为突破困境、实现"重生"的关键。

我们正处于内容生产变革的关键节点：昔日需耗时3天精心打磨的图文系列，如今借助DeepSeek仅需3小时即可完成全流程制作；以往令人望而却步的数据分析，现在AI可以快速完成并自动输出决策建议。

DeepSeek带来的不仅是效率的提升，更是创作思维的升级。它宛如一位不知疲倦的数字伙伴：陷入选题困境时，它能迅速扫描全网热点，生成爆款选题雷达图；对文案效果犹豫不决时，它能同步测试20种不同表达方式的转化潜力；当竞争对手突然发力时，它会自动标注策略差异点并推送优化方案。更为重要的是，它还在不断地进化：每进行一次人机协作，它对用户语言风格的理解就更深一层；每进行一次项目实战，它预测用户运营需求的能力就加强一分。

本书将成为读者探索AI新世界的操作指南。本书避免了空洞的理论阐述，直接展示经过验证的策略和方案。读者将学习如何下达精确指令，使AI生成可直接发布的内容，掌握构建优质内容的基础逻辑，并解锁那些百万粉丝"大V"未曾公开的AI工具组合技巧。

尤其需要指出的是，本书内容并非旨在取代人类的创造力，而是指导人机协作。书中精选的案例均遵循"AI负责常规操作，人类专注于创新性决策"这一核心原则。读者一旦掌握将重复性任务交由算法处理的方法，便能够释放更多精力用于策划优质内容、塑造个人品牌、打造商业生态，这也契合了新媒体领域"智能化基础，创新性决胜"的新竞争策略。

在这个内容生产力重构的时代，拒绝工具进化就如同用打字机对抗智能输入。本书是通向未来运营世界的"通行证"，有助于运营者的创作力进入指数级的增长轨道。

余智鹏
2025年3月

目录

第1章 AI时代的新媒体运营 007

1.1 新媒体运营的挑战与变化 008
1.1.1 新媒体运营要做什么？ 008
1.1.2 新媒体运营的问题与挑战 009
1.1.3 AI带来的变化 010

1.2 DeepSeek快速入门 012
1.2.1 更契合新媒体运营的DeepSeek 012
1.2.2 注册和登录DeepSeek 013
1.2.3 DeepSeek基础功能 014

第2章 部署你的DeepSeek"助手" 017

2.1 赋能新媒体：DeepSeek部署实战指南 018
2.1.1 通过API部署DeepSeek 018
2.1.2 4款集成DeepSeek的工具 024

2.2 进阶玩法：让你的DeepSeek更聪明 027
2.2.1 DeepSeek官方插件库 028
2.2.2 DeepSeek的3类"搭档" 029

第3章 与DeepSeek"对话"的艺术 031

3.1 如何精准指导你的"助手" 032
3.1.1 为什么DeepSeek在不同人手中表现迥异 032
3.1.2 写提示词的4个常见错误 033

3.1.3 5招让DeepSeek更懂你 034

3.2 高手都在用的提示词模板 036
3.2.1 6个新媒体运营提示词锦囊 036
3.2.2 DeepSeek提示词的进阶技巧 038

3.3 多轮对话和分角色扮演 040
3.3.1 多轮对话 040
3.3.2 分角色扮演 041

3.4 人人都是"提示词工程师" 042

第4章 "AI+新媒体运营"的流量密码 043

4.1 新媒体运营的底层逻辑 044
4.1.1 跳出"自我陷阱" 044
4.1.2 "爆款"总是重复的 046

4.2 卡在选题了？试试这样做 050
4.2.1 什么是爆款选题 050
4.2.2 爆款选题"三板斧" 051
4.2.3 DeepSeek+SEO，让选题有迹可循 052

第5章 新手也能写出高赞文案 059

5.1 AI"秒出"好标题 060
5.1.1 八大标题创作技巧 060
5.1.2 用情绪吸引你的观众 062

目录

5.2 轻松写出"10万+" 065
5.2.1 高转化率的短视频带货脚本 065
5.2.2 小红书文案也能"一键直出" 068

5.3 金句频出的好文 069
5.3.1 6个金句写法 069
5.3.2 4个技巧让你轻松写出爆款金句 070

5.4 主播又"卖爆了" 071
5.4.1 DeepSeek生成创意开场白 072
5.4.2 DeepSeek正确"塑品" 073
5.4.3 DeepSeek提升转化率 074

5.5 多轮对话下的文案"助手" 074

第6章 工具搭配，效率加倍 077

6.1 DeepSeek+飞书实现轻松运营 078
6.1.1 每日100条爆款文案 078
6.1.2 自动拆解爆款内容 084

6.2 DeepSeek+Coze 打造完美回复 086

6.3 DeepSeek+XMind 搭建文案框架 093

6.4 DeepSeek+MakeBestMusic 制作原创音乐 096

6.5 DeepSeek+Canva 批量完成图文设计 097

6.6 DeepSeek+即梦AI打造专业海报 101

第 1 章

AI时代的新媒体运营

1.1 新媒体运营的挑战与变化

互联网技术所引发的范式转移，促使内容生产关系发生了根本性的变革，用户从"被动接收者"转变为"主动生产者"。这场数字身份的转换运动不仅重塑了信息传播格局，更催生了"运营"这一新型职业形态。

在AIGC拓展新实践维度的时代，如何在新媒体运营领域中系统化地学习相关知识并抢占先机呢？本节将给出清晰的回答。

1.1.1 新媒体运营要做什么？

随着互联网的普及与发展，UGC（User-Generated Content，用户生成内容）进入大众认知领域，并逐渐成为社会关注的焦点。近年来，AI技术的发展进一步推动了新媒体运营的演变。

新媒体运营人员的核心工作内容主要涵盖四大模块，分别为内容运营、用户运营、活动运营和产品运营。这4类运营的职责看似分明，但在深入实践后会发现，它们之间存在明显的交叉与融合。活动运营和用户运营均需以用户数据分析结果作为依据来制定相应的策略，内容运营和产品运营往往涉及产品文案的撰写，部分情况下，可能还需要相互协作以优化用户体验。对刚踏入新媒体运营领域的运营者而言，理解这四大模块的职责与实际应用至关重要。

内容运营

内容运营侧重内容的策划、创作与分发，旨在提升内容的吸引力和传播效率，运营指标有内容数量、内容浏览量、内容互动数、内容转发量等。

用户运营

用户运营侧重用户关系的建立与维护，通过搭建"新增—留存—活跃—传播"链路形成用户增长的良性循环，运营指标有用户数、活跃用户数、精英用户数、用户使用时长等。

活动运营

活动运营侧重设计和执行线上与线下活动,激发用户参与活动并扩大品牌影响力,运营内容有宣传推广、资源对接、活动策划与执行等。

产品运营

产品运营围绕产品本身,通过数据分析和功能优化来提升用户满意度并增加用户使用时长,运营指标有装机量、用户访问频次、发帖量等。

这些运营模块的侧重点各异,且在实际工作中,不同模块的运营方向也有差别。要胜任一份新媒体运营工作,须将内容运营、用户运营、活动运营和产品运营等模块整合,形成一个有机的运营体系。只有紧密配合各个模块,才能有效应对多变的需求并实现整体目标。

1.1.2 新媒体运营的问题与挑战

新媒体运营的工作职责已在上一小节进行了较为清晰的梳理。内容运营的创意输出、用户运营的关系维护、活动运营的执行落地以及产品运营的功能优化,这些模块共同构成了一个动态而复杂的体系。然而,职责的明确划分与协同配合仅仅是起点,将该体系运转起来并非易事。尤其在快速变化的数字环境中,新媒体运营者往往需要面对多重挑战,这些挑战不仅考验着运营者的专业能力,更揭示了传统新媒体运营模式中长期存在的问题。

内容创意枯竭与同质化严重

在内容运营工作中,内容运营者最为关键的任务是持续输出新颖且具有吸引力的创意,以此吸引观众的关注。但实际情况是,运营者在长期的高频创作中容易陷入灵感枯竭的困境,而初入行的运营者又缺乏系统化的创意生产方式和丰富的经验积累,这往往容易导致内容产出停留在表面,难以形成独特的风格或与观众产生深刻的共鸣。

无论是短视频创作、文案撰写还是图文推送,热门话题和流行元素的重复使用已成为常态。如某社交平台上爆火的"梗"或创作模板,往往会在短时间内就被大量账号模仿、复制,导致用户审美疲劳,甚至对品牌账号产生"千篇一律"的负面印象。这种现象的背后,既有运营者对流量的焦虑,也存在缺乏深度洞察与个性化策略的短板。

与用户互动的及时性与个性化要求

用户不再满足于单向的信息接收，而是期待与运营者建立双向沟通，并获得个性化的回应。用户互动需求的增加对运营者提出了更高的要求。

及时性是有效互动形成的关键。在用户反馈集中爆发的时候，若运营者无法迅速响应，便可能错失拉近用户距离的良机。如果在用户评论数小时后才回复，那么互动价值就会大打折扣，甚至可能导致用户流失。但对资源有限的团队或个人运营者而言，实时监控并快速响应几乎是难以承受的负担。个性化的需求也加剧了互动的复杂性，毕竟用户群体千差万别，模板化的回复已难以满足其期待。

数据分析与内容优化的专业门槛

新媒体平台的算法日益复杂，运营效果不再仅依赖直觉或经验，而是以数据洞察来驱动决策。对经验不足的运营者而言，数据分析往往是一道难以逾越的门槛。平台提供的后台数据繁多且分散，如曝光量、点击率、互动率、转化率等，每一项都需要运营者理解、分析并找到优化方向。仅凭"阅读量下降"的数据，运营者如何判断是因为标题缺乏吸引力还是发布时间选择失误？这需要一定的统计基础和逻辑分析能力，而经验不足的运营者很难迅速掌握。

更为严峻的问题是，数据分析的结果还需要转化为具体的内容优化策略，这进一步提升了运营的专业门槛。在传统模式下，运营者可能会花费大量时间整理数据、比对趋势，而最终仍难以提炼出清晰的改进方案。当面对"用户流失率上升"的信息时，是应该调整内容形式、优化推送频率，还是重新定位目标人群？缺乏系统化方法的支持，往往会使运营效果事倍功半，甚至会因分析失误而导致优化方向出错，最终影响运营效果。

1.1.3 AI带来的变化

在AI时代，新媒体运营迎来了前所未有的变化，其在解决内容创意枯竭与同质化严重问题上彰显出巨大潜力。传统模式下，创意生成依赖运营者的个人灵感与经验积累，而这种方式常常面临思维定式的局限和创作疲劳的挑战。

AI赋能内容创作

AI工具（如DeepSeek）的出现，为内容生产注入了活力。通过简单的关键词，AI就能够快速生成多样化的标题、文案和短视频脚本，帮助运营者跳出思维定式。AI不仅能提供创意，还能基于平台热门趋势和用户偏好进行分析，提供差异化的内容建议。

AI重塑了创意生产的流程并提高了效率。它不仅降低了创意生产门槛,也释放了运营者的精力,使他们能够更专注于品牌调性塑造与长期战略规划。在这个过程中,运营者的角色逐步从"内容制造者"转变为"创意策展人",他们借助AI工具筛选、整合信息,进而提升内容的独特性和吸引力。

平衡技术与人文的挑战

AI创作的引入并非毫无障碍,其潜在风险同样值得探讨。

首先,深度与共情化内容的创作效果可能不佳。这是因为AI虽擅长生成结构化、逻辑清晰的内容,但在情感表达和文化洞察方面仍显不足。一篇由AI撰写的文章可能语法完美但缺乏温度,难以触动用户,这对强调"人性连接"的新媒体来说是一个挑战。其次,过度依赖AI可能导致运营者自身创造力退化。如果长期将创意环节交给AI完成,运营者的洞察力和创新能力或将逐渐"萎缩",形成"技能性依赖"。除此之外,AI生成内容的版权归属与原创性争议也可能引发法律或伦理问题,尤其在商业化运营中,这是不容忽视的。

因此,运营者在拥抱AI的同时,需要找到技术与人文的平衡点,将AI视为创意伙伴而非替代品,避免陷入"工具至上"的误区。最理想的状态是,运营者借助AI完成基础的内容生产和数据分析,自身则专注于情感表达、价值判断和创意指导等。

新媒体运营的未来发展方向

在AI浪潮的影响下,新媒体运营的基本逻辑正在悄然改变。过去以个人经验为主导的"试错"模式,正逐渐被数据驱动与智能化协同所取代。从内容生产到用户互动,再到效果评估,AI的加入让运营从"体力活"转向"脑力活",更加强调策略性与系统性思维。

这种转变不仅提高了运营者的工作效率,也重新定义了运营者的核心竞争力,即从单一的"执行者"转变为技术与创意的"整合者"。对准备迈入新媒体运营领域的人而言,这是难得的机遇,尽早熟悉AI工具,掌握其应用场景,是快速入行并脱颖而出的关键。对于在行业深耕多年的运营者,可以尽快构建属于自己的AI方法论体系,如结合品牌特色定制AI使用策略,或将AI与团队工作流程深度融合,从而建立独特的"护城河"。

在这场变革浪潮中,主动拥抱AI者将在未来的竞争中占据先机,而犹豫观望者则可能被时代洪流所淘汰。未来的新媒体运营,将是人性化创意与智能化效能的有机协同,这种协作模式不仅有助于突破传统运营的瓶颈,也将为行业带来新的可能。

1.2 DeepSeek快速入门

AI为新媒体运营带来了双重格局。机遇与挑战并存的现实，正是新媒体运营转型的契机所在。要抓住这一契机，选择合适的AI工具是关键，这不仅会影响运营效率，更关乎未来的竞争格局。不同的工具承载着不同的技术理念与应用潜力，那如何从众多的AI工具中找到契合自身需求的呢？

DeepSeek作为一款新兴的大语言模型，与市场上常见的商业模型不同，它以高效、低成本和开放共享的特点，为新媒体运营者提供了一个既实用又灵活的技术"伙伴"。本节将讲解DeepSeek的核心特点、使用方法和基础功能。

1.2.1 更契合新媒体运营的DeepSeek

在众多大语言模型中，DeepSeek之所以契合新媒体运营，是因为其技术设计与运营需求的匹配度高。无论是高频的内容创作、实时的用户互动还是高效的数据优化需求，DeepSeek都能为运营者提供强有力的支持。接下来将从3个关键角度剖析DeepSeek能成为新媒体运营者"得力助手"的原因。

高效性

DeepSeek采用混合专家模型技术，每次推理仅激活部分参数，既保证了生成内容的质量，又大幅缩短了响应时间。当需要快速产出短视频脚本或热点文案时，运营者只需输入简单指令，DeepSeek便能在较短的时间内交付多套方案。这种"快而准"的特性，有助于运营者紧跟平台节奏，抓住稍纵即逝的流量窗口，避免传统模型因占用计算资源过多而响应速度较慢的问题。

开源性

新媒体初创团队或个人运营者常常会面临预算紧张的困境。与订阅费用高昂的商业AI工具不同，DeepSeek可提供免费的开源模型和较为便宜的API（Application Programming Interface，应用程序编程接口）服务，让入门者无须因技术付费而止步不前。更重要的是，开源意味着运营者可以根据自身需求定制模型，如训练一个专注于本地化内容的模型。这种灵活性在资源有限时显得尤为重要，能够更好地满足不同运营者的多样化需求。

多功能性

DeepSeek不仅擅长生成文本,还能生成代码、进行数据分析和完成多语言任务,可适应多种运营任务。在内容运营中,它能快速生成创意文案;在用户运营中,它能分析评论情感并提供个性化回复建议;在活动运营中,它能协助编写自动化脚本以优化流程;在产品运营中,它能助力市场分析选品。这种多功能性让运营者无须频繁切换工具,就能够完成从策划到执行全流程的任务。

1.2.2 注册和登录DeepSeek

DeepSeek提供多种使用途径,用户既可以通过官方网站直接在线使用,也可以通过移动设备进行访问。此外,用户还可以根据其提供的模型代码进行开发者下载和本地部署。

对大多数用户而言,官方网页版是较为便捷的选择。本小节将重点介绍如何快速上手使用DeepSeek。

01 进入DeepSeek官方网站,如图1-1所示。

图1-1

02 单击"开始对话"进入登录页面,如图1-2所示。目前DeepSeek支持通过邮箱地址、手机号和Google账号进行注册与登录。

图1-2

1.2.3 DeepSeek基础功能

完成登录后，进入DeepSeek的对话页面，该页面分为3个部分，如图1-3所示。

图1-3

个人信息栏：包含系统设置、删除所有对话、联系我们和退出登录，如图1-4所示。选择"系统设置"，进入"系统设置"对话框，如图1-5所示，可以在"通用设置"选项卡中对语言和主题进行设置，也可以在"账户信息"选项卡中注销自己的账号。

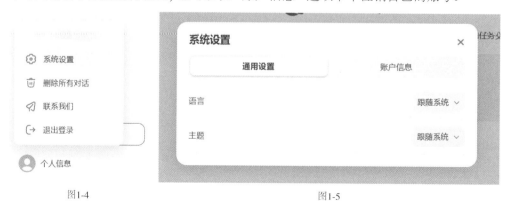

图1-4　　　　　　　　　　图1-5

对话记录栏：用于保存所有的对话记录，可以在这里寻找历史对话记录。

第1章 AI时代的新媒体运营

输入框： 默认情况下使用V3模型，它具有突出的语言流畅性。也可以单击"深度思考"按钮，启用R1模型进行深度思考和推理，它具有突出的思维严谨性和表达的可解释性。除此之外，单击"联网搜索"按钮，DeepSeek就会搜索并总结互联网的相关信息，然后给出回复。单击"上传附件"按钮，可以上传文档或图片，当前可上传的文档或图片数量上限为50个，且每个文件的大小须控制在100MB以内。输入框如图1-6所示。

图1-6

知识拓展：如何编写提示词？

如果想了解DeepSeek标准提示词的编写方法，可以查看官方的提示词文档，这份文档中包含大量的提示词模板。下面将讲解如何获得官方的提示词文档。

（1）单击DeepSeek官方网站首页的"API开放平台"，进入API的后台管理页面，如图1-7所示。

图1-7

（2）单击左下方的"常见问题"，进入模型介绍页面，如图1-8所示。

图1-8

（3）单击"提示库"，查看官方提供的提示词文档，如图1-9所示。

图1-9

第 2 章

部署你的 DeepSeek "助手"

2.1 赋能新媒体：DeepSeek部署实战指南

通过官网体验DeepSeek，不难发现其在新媒体运营领域有着惊人的潜力。然而，仅依赖DeepSeek官网可能无法满足将AI深度融入工作流程的需求，其网页也可能存在不稳定性。因此部分运营者可能会产生本地部署DeepSeek的需求。要在本地完整部署DeepSeek的高级模型并非易事，往往得花费大量成本购置专业级服务器集群，这对大多数新媒体运营者而言十分困难。那么，有没有一种方式能在普通计算机上也轻松部署DeepSeek呢？API部署无疑是一条实用的"捷径"。

2.1.1 通过API部署DeepSeek

通过API部署，用户可以打造属于自己的DeepSeek"智能助手"。虽然这种调用方式需要传输数据，可能会产生隐私问题，但在新媒体运营中，生成文案、回复用户或分析数据等使用场景通常不会涉及隐私问题。通过API部署的DeepSeek能提供接近官方完整版的交互体验，其响应速度甚至还能超越官方网站。当需要快速产出创意标题或调整运营策略时，API版的DeepSeek能随时响应，从而避免因硬件短板而被"拖后腿"。

这种"轻量级"的部署方式巧妙地避免了硬件限制，既保留了高智能性的优势，又让普通用户获得接近专业级的操作体验。对新媒体运营者而言，这意味着可以用更少的投入换取更大的实用价值。接下来将介绍如何进行API部署，释放DeepSeek在新媒体运营方面的潜力。

选择一个合适的云服务器，如OpenRouter和硅基流动（SiliconFlow），在网站中创建API密钥，如图2-1所示。下面将分别介绍在这两个云服务器中创建API密钥的流程。

图2-1

图2-1（续）

通过OpenRouter部署DeepSeek

01 打开OpenRouter官网，在搜索列表框中选择免费模型"DeepSeek：R1(free)"，如图2-2所示。

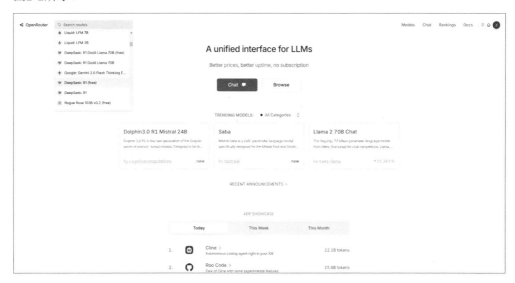

图2-2

02 打开的页面中有多个云服务器提供"DeepSeek：R1(free)"的API。打开API选项卡，单击Create API key按钮 ，如图2-3所示。

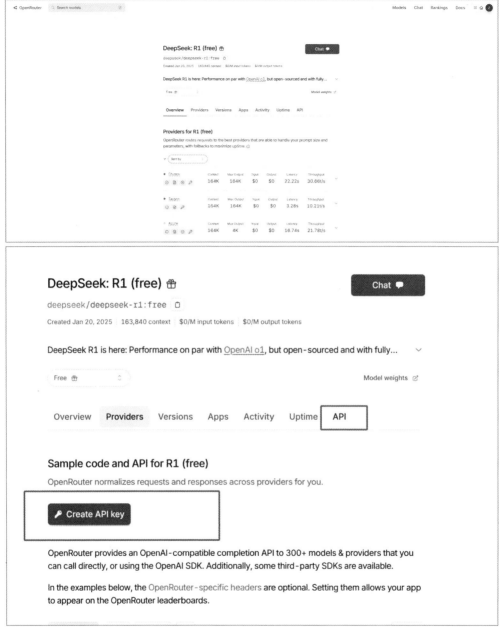

图2-3

03 在打开的Create a Key对话框的Name文本框中设置用户名,如图2-4所示。单击Create按钮 Create ,生成一个新密钥,如图2-5所示。这样就创建好了一个API。

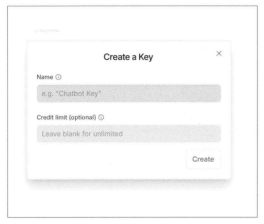

图2-4

图2-5

通过"硅基流动"部署DeepSeek

进入"硅基流动"服务器，在页面中选择DeepSeek-R1模型。进入模型的"文本对话"页面后，选择"API密钥"，单击"新建API密钥"按钮 [新建API密钥]，如图2-6所示，这样API就搭建好了。

图2-6

获取第三方服务器厂商提供的API后，选择一个可以调用API资源的客户端，这里使用的是开源软件Cherry Studio，如图2-7所示。

图2-7

进入Cherry Studio的设置界面，选择对应的服务器厂商，设置对应的API密钥。单击"添加"按钮，打开"添加模型"对话框，如图2-8所示，输入模型ID，单击"添加模型"按钮 添加模型 。

图2-8

回到API服务器页面寻找对应的模型ID。OpenRouter的模型ID在创建API密钥的介绍中可以找到，硅基流动的模型ID在首页的模型名称中可以找到，如图2-9所示。

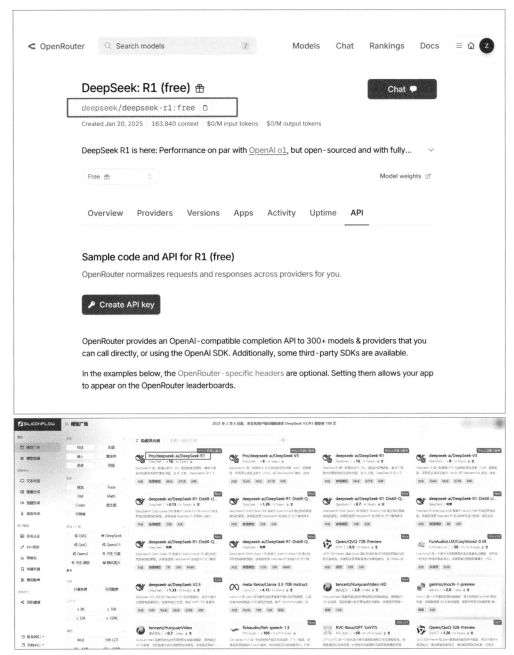

图2-9

回到Cherry Studio，展开切换模型的列表框，就可以看到接入的DeepSeek了，如图2-10所示。

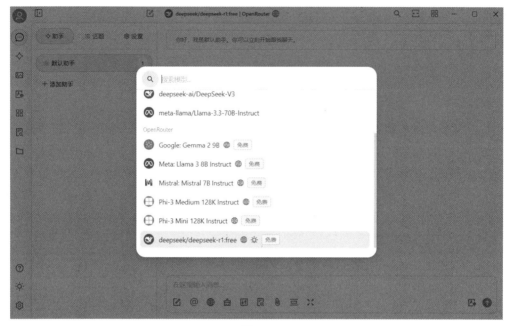

图2-10

2.1.2 4款集成DeepSeek的工具

除了本地部署和API调用方案，市面上还涌现出多款内置DeepSeek模型的应用工具，使用它们可省去部署步骤，这为新媒体运营者带来了"即开即用"的便利体验。它们对DeepSeek强大的功能进行整合，使其以简洁、直观、易于操作的界面形式呈现，用户无须关注其底层复杂的技术细节，上手使用即可。

在需要快速生成创意文案、分析用户反馈或策划活动脚本时，这些工具能让运营者直接与DeepSeek对话，享受流畅、高效的协助过程。尤其在新媒体运营时间紧、任务重的场景中，这类便捷的工具不仅节省了学习成本，还能大大提升运营者的工作效率和质量。接下来将介绍4款集成DeepSeek的实用工具，助力读者在运营过程中发挥DeepSeek的潜力。

Cursor是主要面向程序员开发的工具。在Cursor的窗口中可以直接切换至deepseek-r1模型，如图2-11所示。

第2章 部署你的DeepSeek"助手"

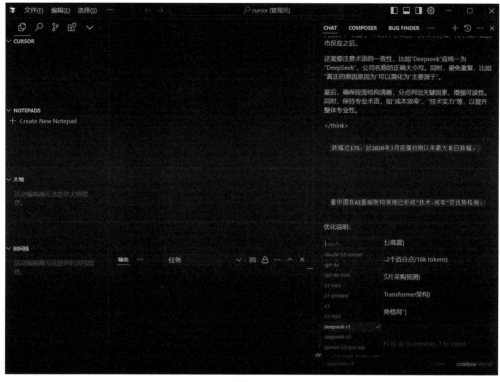

图2-11

ima是由腾讯开发的AI知识库工具,目前可以直接使用"混元"和DeepSeek两种模型,如图2-12所示。

图2-12

AskManyAI和Monica是两款相似的聚合型AI工具，包含非常多的主流AI模型，如图2-13所示。

图2-13

知识拓展：轻松搭建DeepSeek知识库

知识库的搭建方式有很多，ima是较为适合进行新媒体运营的一款工具，其部署方式适合新手，且对计算机的硬件要求不高。下面将讲解利用ima搭建DeepSeek知识库的方法。

（1）单击左侧的灯泡按钮，单击 + 按钮，打开"创建共享知识库"对话框，如图2-14所示，设置名称、封面和描述后，单击"确定"按钮即可创建独立的知识库。

第2章 部署你的DeepSeek"助手"

图2-14

（2）单击 按钮上传资料，在右侧可以直接和DeepSeek对话，如图2-15所示。

图2-15

2.2 进阶玩法：让你的DeepSeek更聪明

部署DeepSeek模型只是开始，关键在于将这款AI工具融入内容创作、用户互动与数据分析等运营工作中，发挥其最大潜能。每位新媒体运营者都有机会挖掘属于自己的独特用法，让DeepSeek成为提升内容质量、提高生产效率和洞察用户数据的得力"助手"。

本节将结合笔者的使用经验，介绍一系列适用于新媒体运营的DeepSeek实用技巧和创意插件。无论是管理多平台账号的运营者、需要持续输出创意的内容创作者，还是负责数据分析的营销者，这些技巧都有助于更深入地开发DeepSeek的能力，并找到适合自己的使用方式。

2.2.1 DeepSeek官方插件库

在推出大语言模型后，DeepSeek团队又发布了综合资源库Awesome DeepSeek Integrations，如图2-16所示。这个"宝藏仓库"收录了DeepSeek在各种平台和场景中的开源集成方案，每一个都经过团队测试，确保用户可随时使用。

图2-16

简而言之，官方已经在Awesome DeepSeek Integrations资源库中将各种工具、插件按使用场景进行整理，使用户无须自行摸索个性化部署。如果在某个具体场景中找不到合适的DeepSeek应用方案，可以在该资源库寻找，因为它几乎囊括了新媒体运营中的所有常见需求。

在Awesome DeepSeek Integrations资源库中，用户可以根据内容提示轻松定位合适的插件，如图2-17所示。其中，无论是用于内容创作的文案生成工具，还是旨在优化用户互动的回复助手，单击对应的链接，即可直接跳转至相应工具的下载页面。对于想节省时间、快速上手的运营者，该资源库就像一份清晰的"使用指南"，让DeepSeek触手可及。

16x	16x 提示	16x Prompt 是一款具有上下文管理功能的 AI 编码工具。它可以帮助开发人员管理源代码上下文，并为现有代码库上的复杂编码任务制作提示。
	阿尔法派	AI研究助手/人工智能驱动的新一代金融信息门户，为投资者代办会议、做笔记，提供金融信息搜索、问答服务，为投研提供量化分析。
	阿尔戈	在 Mac/Windows/Linux 上使用 RAG 本地下载并运行 Ollama 和 Huggingface 模型。也支持 LLM API。
	彼得猫	对话式问答代理配置系统、自托管部署解决方案和便捷的一体化应用程序 SDK，可让您为 GitHub 存储库创建智能问答机器人。
	FastGPT	FastGPT 是一个基于大型语言模型 (LLM) 构建的开源 AI 知识库平台，支持 DeepSeek、OpenAI 等多种模型，提供开箱即用的数据处理、模型调用、RAG 检索、可视化 AI 工作流编排等功能，让您轻松构建复杂的 AI 应用。
	如智AI笔记	如知AI笔记是一款基于AI的智能知识管理工具，提供AI搜索探索、AI结果转笔记、笔记管理整理、知识呈现分享等一站式知识管理及应用服务。集成DeepSeek模型，提供更稳定、更高质量的输出。
	微信聊天	Chatgpt-on-Wechat(CoW) 是一个灵活的聊天机器人框架，支持无缝集成多个 LLM，包括 DeepSeek、OpenAI、Claude、Qwen 等到微信公众号、微信、飞书、钉钉、网站等常用平台或办公软件，并支持丰富的自定义插件。
	雅典娜	世界上第一个具有先进认知架构和类似人类推理能力的自主通用人工智能，旨在应对复杂的现实世界挑战。
	最大KB	MaxKB是一个可立即使用且灵活的 RAG 聊天机器人。

图2-17

2.2.2 DeepSeek的3类"搭档"

DeepSeek的官方插件库主要汇集了集成模型的各类应用程序，为用户提供了丰富的选择。然而，在新媒体运营的实际工作中，仅靠DeepSeek往往难以满足多种需求。要真正发挥其潜力，还需将它与一些常用的工具巧妙搭配，共同应对多样化的运营场景。

这里将这些工具整理归纳为3类，分别为图片生成工具、音频工具和文本创作工具。无论是打造有吸引力的视觉内容，制作引人入胜的音频素材，还是优化文本创意与提高输出效率，这些工具都能与DeepSeek互补，助力运营者更高效地完成从内容策划到用户互动的全流程任务。接下来将具体地介绍这些工具及其与DeepSeek协同工作的方式，为新媒体运营注入更多可能。

图片生成工具

工具名称	主要功能	与DeepSeek协同的优势	适用场景
即梦AI	中文提示词AI图片生成	DeepSeek提供精准的中文提示词，即梦AI生成图片	生成中式风格的内容、本土化营销素材等
Midjourney	高质量AI艺术图片生成	DeepSeek生成创意文案和提示词，Midjourney将其转化为视觉内容	生成创意海报、社交媒体配图等

续表

工具名称	主要功能	与DeepSeek协同的优势	适用场景
Canva（可画）	多功能设计与编辑	DeepSeek提供创意方向与文案，Canva快速实现设计落地	全平台适配图片生成、模板化设计、信息图表设计
黄油相机	手机照片编辑与特效	DeepSeek规划滤镜风格，黄油相机实现移动端快速制作	生成社交媒体日常更新内容、轻量级内容

这些工具与DeepSeek搭配时，DeepSeek利用其文本生成能力提供创意提示，这些工具则负责将创意提示转化为视觉内容。这种方式能满足新媒体运营中的视觉需求。

音频工具

工具名称	主要功能	与DeepSeek协同的优势	适用场景
Suno AI	AI音乐创作	DeepSeek生成音乐创意方向和歌词，Suno AI将其转化为完整歌曲	生成原创背景音乐、广告配乐、品牌音乐
CosyVoice	拟真人声合成	DeepSeek撰写对话脚本，CosyVoice将其转换为自然人声	生成有声内容、角色配音、交互式对话
Enhance Speech	语音增强与优化	DeepSeek提供音频处理建议，Enhance Speech负责改善音质	播客后期处理、现场录音优化、生成专业音频内容
TTSMaker	文本转语音	DeepSeek创建多语言内容，TTSMaker快速将其转为语音	生成多语言内容、教学材料、自动化播报
MakeBestMusic	智能音乐生成与编辑	DeepSeek描述情感氛围，MakeBestMusic生成匹配的音乐	生成视频配乐、直播背景音、场景化音频

将DeepSeek生成的文本直接输入这些工具可得到对应的音频。这种方式适用于需要快速制作语音内容的场景，如播客或粉丝互动场景。

文本创作工具

工具名称	主要功能	与DeepSeek协同的优势	适用场景
飞书	协作文档与项目管理	DeepSeek辅助内容选题研究，飞书整合团队协作文档	选题策划、内容日历管理、团队协作创作
XMind	思维导图与框架构建	DeepSeek生成内容结构建议，XMind可视化内容框架	内容框架设计、逻辑结构规划、知识体系构建
Coze（扣子）	自动化工作流构建	DeepSeek提供流程优化方案，Coze实现内容自动化	内容生产流程自动化、多平台发布、数据收集与分析

这些工具增强了DeepSeek的文本输出能力，能满足从创意构思到技术实现的多种运营需求，适合不同层次的新媒体运营者使用。

运营者可以根据自身的运营需求，灵活挑选合适的工具与DeepSeek搭配使用，从而提升工作效率并优化内容。无论是想加速创意产出还是精细化用户互动，这些工具都能带来有效的帮助。本书最后一章将详细拆解这类工具在新媒体运营中的实际应用场景，帮助运营者轻松将想法变为现实。

第 3 章
与DeepSeek "对话"的艺术

3.1 如何精准指导你的"助手"

在使用DeepSeek的过程中，可能会出现一个有趣的现象：一些人觉得它"不够聪明"，输出的结果平平无奇；而另一些人却能用它生成令人惊艳的内容并高效解决运营难题。这种差异究竟从何而来？

3.1.1 为什么DeepSeek在不同人手中表现迥异

DeepSeek的"聪明"很大程度上取决于用户的使用方法。接下来将从几个关键因素入手来解释这种差异，并提供一些可提升使用效果的思路。

输入提示词的质量差异

作为一款大语言模型，DeepSeek的"智慧"建立在对用户提示词的理解之上。如果用户输入的提示词模糊不清，例如"写篇文案"，DeepSeek可能只能给出泛泛的结果。而那些能让DeepSeek输出优质结果的用户，往往擅长向DeepSeek提供具体、明确的提示，例如"针对18～25岁的女性用户写一篇200字左右的护肤品推广文案，语气活泼，突出产品清爽的特点"。这种清晰的指引能让DeepSeek更精准地发挥实力，产出贴合需求的内容。

使用者的场景适配能力差异

新媒体运营涉及内容创作、用户互动、数据分析等多重任务，但并非所有场景都适合直接使用DeepSeek生成的结果。例如，在需要深挖用户情感时，单纯依赖DeepSeek可能会让结果显得生硬；而擅于使用DeepSeek的人会先用它生成初稿，再结合自身洞察调整语气和细节，使内容更有温度。反过来，若一味强求DeepSeek执行它不擅长的任务，例如生成复杂的文化创意等，那么效果自然不尽如人意。

工具搭配与后期优化的习惯差异

DeepSeek虽功能强大，但更像一块优质的"原材料"，需要与其他工具"打磨"配合，才能变成"成品"。部分运营者停留在单一使用阶段，通过DeepSeek得到结果就直接发布；而经验更丰富的人会将其与图片生成工具（例如Janus-Pro-7B）等搭配制作视觉内容，或用文本编辑工具润色语言，甚至结合数据反馈进行优化。这种"组合拳"形式让DeepSeek的潜力被充分挖掘，得到的最终结果也更优质。

经验积累与学习态度深浅不一

DeepSeek并非"万能钥匙",擅于使用DeepSeek的运营者往往愿意花时间摸索它的特性,例如尝试编写不同风格的提示词、总结成功案例、通过官方资源库学习新插件等。相比之下,认为它"不聪明"的人可能只是浅尝辄止,缺乏持续优化提示词的耐心。

总之,DeepSeek"聪明"与否更多取决于使用者如何指导它。后面将进一步分享相关的具体技巧,帮助读者找到属于自己的"聪明用法"。

3.1.2 写提示词的4个常见错误

要将DeepSeek转变为真正的得力"助手",首先应从优化提示词着手,结合具体场景进行灵活操作,并搭配合适的工具持续实践。只要把握这些关键点,DeepSeek的表现便能超出预期。DeepSeek宛如一位潜力无限的"伙伴",能否理解你,完全取决于你如何引导它"进入角色"。下面总结了写提示词的4个常见错误,有助于读者快速上手。只要在日常使用中避免犯这些错误,DeepSeek就能更准确地理解你的需求,从而输出更准确的结果。

模糊的提示词,让DeepSeek"不明所以"

假如运营者输入"写点东西吧。"这样太宽泛的提示词,DeepSeek可能会随机生成一段文字,例如行业新闻或童话故事,完全偏离运营需求。可以换个方式,输入"写一篇100字的护肤品推文,针对年轻女性,突出产品清爽的特点。"这样的提示词目标明确,DeepSeek能有的放矢地输出符合要求的内容。输入清晰、明确的提示词,是DeepSeek在新媒体创作中发力的第一步。

复杂的提示词,让DeepSeek"晕头转向"

有时运营者急于求成,一口气"塞"太多要求。例如,"帮我写篇推文,还要分析用户数据,顺便策划个活动。"该提示词中的要求太复杂、混乱,DeepSeek可能不知道是应该先写推文还是先分析数据,从而导致结果是东拼西凑甚至跑题的。更好的办法是在提示词中拆解任务:"写一篇150字的促销推文,针对'双11'活动。"然后提出要求:"分析最近一周的用户互动数据。"这样分步推进,DeepSeek就不会因需求复杂而"卡壳",运营效率也将提高。

缺少关键信息，DeepSeek只能"凭空捏造"

在提示词缺少关键信息的情况下，DeepSeek的回答很可能出现错误。例如，当运营者询问："这项活动的效果如何？"DeepSeek可能会感到困惑："哪项活动？"在缺乏上下文的情况下，它可能会随意"猜测"一个结果，这样的回答毫无参考价值。然而，如果将提问改为："分析上周抖音抽奖活动的参与率和转化率。"信息清晰明了，DeepSeek便能精准地挖掘数据，提供有价值的回答。在新媒体运营领域，信息的精确度决定了DeepSeek是否能够准确"命中靶心"。

语气不对，DeepSeek无法把握重点

提示词的语气会直接影响DeepSeek的输出风格。例如，随意地说"弄个脚本"，它可能会草率地生成一段平淡的内容，难以满足运营需求。但如果认真地说："请为30秒的抖音视频写一个幽默的脚本，推广新款零食。"DeepSeek就会明白这是一个正式任务，并按照"幽默"和"推广"的要求调整风格，输出更符合要求的内容。在新媒体运营中，明确的语气可以引导DeepSeek抓住核心要点。

简而言之，DeepSeek在新媒体运营领域扮演着"智能导航"角色，其运作主要依赖于提示词的驱动。若提示词模糊不清，它将无法确定目标；若提示词过于复杂，它可能会顾此失彼；若缺少关键信息，它只能进行盲目的猜测；若语气随意，它可能会草率地生成回复。精心撰写的提示词，能够为DeepSeek提供明确的导航方向，引导其从知识库中筛选出最合适的运营内容。掌握了这些技巧，便能使DeepSeek在新媒体运营中大显身手，无论是创意生成还是数据分析，DeepSeek均能轻松应对。

3.1.3 5招让DeepSeek更懂你

提示词的质量将直接影响DeepSeek在新媒体运营中的表现，那么如何撰写出既全面又清晰，且DeepSeek能够轻松理解的提示词呢？下面总结了5个实用技巧，帮助读者构建精准、可靠的提示词，确保DeepSeek在内容创作、用户互动以及数据分析等方面能够与运营需求实现"无缝对接"，从而实现沟通的顺畅与高效。

明确需求，拒绝提示词模糊

对于用户随意输入的提示词，DeepSeek很难准确理解用户的意图。当需求明确、无误时，DeepSeek便能迅速确定创作方向，进而输出满足目标需求的文案内容，从而避免反复调整的烦琐过程。

提示词示例

写一篇150字的抖音推广文案,主题为新款瑜伽服,目标受众为25~35岁的女性群体,重点突出其舒适透气的特性。

提供背景,别让DeepSeek"茫然"

在缺乏具体信息的情况下,DeepSeek面对"分析这组数据"提示词时会感到困惑,不清楚究竟是指哪一组数据。然而,一旦赋予其背景信息,DeepSeek便能精确地发挥作用,为用户生成一份逻辑严密、论据充分的运营分析报告,而非盲目推测数字。

提示词示例

这是某公众号过去30天的阅读数据,请分析周末与工作日的打开率差异(附Excel表格)。

指定格式,让DeepSeek的输出内容更实用

只输入"给几个营销点子",DeepSeek可能只会堆砌杂乱无章的文字。而通过设定明确的输出框架,DeepSeek能够提供规范且一致的回答,这些回答不仅条理清晰,而且可直接应用于运营策划之中,极大提升工作效率。

提示词示例

请用表格形式列出3种"双11"电商直播促销方案,包括活动主题、预算和预期转化率。

控制长度,避免DeepSeek"啰唆"和跑题

只要求"详细讲讲运营技巧",DeepSeek可能会撰写一篇体量过大的论述文章。然而,当明确要求篇幅限制后,它就会精练表达,以适应新媒体的内容要求,便于读者迅速把握核心要点。

提示词示例

用不超过100字解释如何提高微博转发率,适合运营"小白"理解。

及时纠正,将DeepSeek拉回"正轨"

若DeepSeek的输出结果与预期存在偏差,切勿立马放弃。例如,当其提供的活动方案预算超出要求时,只需稍做调整,DeepSeek便能迅速响应,并调整输出结果。

提示词示例

这个成本太高,请重新设计一个500元以内的粉丝抽奖活动。

这5个技巧的核心在于将提示词转化为DeepSeek的"导航系统"。在新媒体运营过程中，无论是快速制作吸引用户眼球的素材、分析用户数据，还是策划营销活动方案，明确的提示词都能使DeepSeek迅速理解运营者的意图，从而输出更加符合预期的结果。在实践过程中不断尝试，并探索最适合自己的使用方法，可以使DeepSeek成为你在运营过程中的"超级助手"。

3.2 高手都在用的提示词模板

结合官方提供的提示词文档，下面总结出一套为DeepSeek量身打造的提示词模板。这些模板避免了ChatGPT提示词的烦琐性，而是以简洁、高效的方式直击要点，非常适合新媒体运营的快节奏。无论是快速制作社交媒体内容、提升粉丝互动率，还是分析数据，DeepSeek都能成为你强大的"智能助手"，助力运营效率和创意能力的双重提升。

3.2.1 6个新媒体运营提示词锦囊

为帮助读者快速上手并借助DeepSeek解决各类问题，这里整理了6个最常用的提示词锦囊，它们不仅好用，还能让对话更顺畅、高效。接下来将结合案例逐个进行讲解。

续写：让中断的灵感接续

如果DeepSeek在生成内容的中途暂停，可以在提示词中加上"/续写"。

提示词

请/续写刚才的故事，从"小明走进森林"开始。

例如让DeepSeek写一个探险故事，它写到"宝藏就在眼前"就停了，加上"/续写"后，它立马接上"他推开石门，眼前金光闪闪"。这样的提示词适合长篇内容的创作，可以保持思路连贯。

简化：把"啰唆"浓缩成"干货"

DeepSeek虽然推理能力强，但偶尔也爱"长篇大论"，生成一篇令人眼花缭乱的文章。在提示词中加上"/简化"，就能让它把复杂内容精练化。

提示词

把这篇500字的文章/简化成50字。

提问"区块链是什么",DeepSeek生成了长达半页的术语,在提示词中加入"/简化"后,DeepSeek生成"区块链是去中心化的账本,安全记录交易"。这样的提示词适合快速提取重点,尤其是在新手不想被大量文本信息迷惑的情况下。

示例:要个"例子"看明白

只阅读理论容易感到迷茫,尤其是代码生成类或操作类的任务,在提示词中加入"/示例"后,DeepSeek就会生成实际的案例。这样的提示词适合学习编程或验证思路。

提示词

怎么计算1到10的和?写个Python循环代码,带上/示例。

DeepSeek提供的方案

for i in range(1, 11): sum += i,例如 sum=55

步骤:拆开任务,手把手教学

DeepSeek拥有推理能力,因此它能执行复杂任务。在提示词中加入"/步骤",它就会把流程拆解得更加清楚,以便新手根据内容按部就班地操作,轻松完成复杂任务。

提示词

教我做蛋糕,用/步骤方式回答。

DeepSeek提供的方案

第1步 准备面粉、巧克力、可可粉、鸡蛋、糖。
第2步 打蛋加糖搅拌均匀。
第3步 烤箱预热180度,烤30分钟。

检查:发布前帮忙"挑刺"

在提示词中加入"/检查",DeepSeek能成为"质检员",协助审查内容。

提示词

/检查这篇200字文章的语法和逻辑。

例如写了一篇求职信,并在提示词中加入"/检查"。DeepSeek这样回答:"第二段'我很努力'太笼统,建议改成'我在项目执行中效率提升了20%'。"这样的提示词适合在邮件、文章发布前使用,可以规避"硬伤"。

口语化：去掉"AI味"，像朋友一样聊天

有时候DeepSeek的回答太模板化了，在提示词中加入"/口语化"，就能让它的回答更有亲和力。

提示词

> 给我讲讲月亮，用/口语化。

原本DeepSeek的回答是"月球是地球的天然卫星"，在提示词中加入"/口语化"后，它的回答变成"月亮啊，就是地球旁那个大圆球，晚上亮堂堂的。"这样的对话轻松自然，适合撰写自媒体文案或进行日常聊天。

这6个"锦囊"既可以单个使用，又可以组合使用。如"编写Python代码计算1到10的和，请举一个示例并列举出步骤"，DeepSeek就会既引用案例又分步骤进行讲解。更值得称赞的是，DeepSeek的推理能力出色，对提示词稍加改动它也能领会你的意图，所以别害怕出错，多操作几次就能熟练上手。

3.2.2 DeepSeek提示词的进阶技巧

DeepSeek这类推理型AI在处理复杂任务时，使用零散的提示词效果欠佳。需运用完整的提示词框架将任务清晰拆解，以便DeepSeek推理出优质答案。可以采用这套框架进行提问："扮演的角色+具体任务+任务步骤+约束条件+完成目标+输出格式"。这套框架看似复杂，实则简单，下面将举例进行说明。

如果办一场生日派对的预算有限，又想让朋友们玩得开心，仅提问"怎么办生日派对"是无法达成目标的，DeepSeek可能会生成大量与需求不符、无关紧要的回答。可以试试把框架植入提示词中。

提示词

> 你是一个活动策划专家，请帮我设计一场生日派对，步骤包括：
> 1) 确定主题；2) 列出活动清单；3) 规划预算。总花费不要超过300元，参与人数5~8人，让大家玩得开心又省钱，（输出格式）请以表格形式输出你的方案。

这里让DeepSeek扮演的角色是活动策划专家，也就是要求它从专业视角进行思考；具体的任务为设计生日派对，目标明确；完成任务的步骤包括确定主题、列出活动清单、规划预算，推理过程将一步步展开；设置的约束条件为不超过300元，参与人

数5～8人；想要达成的目标是既玩得开心又省钱；输出的内容格式为表格形式，既直观又好用。

这套提示词框架就像DeepSeek的"施工图纸"，为其扮演的角色定下基调，为具体任务指明了方向和路径，设定了约束条件，并且明确了目标，还对输出格式进行了优化。借助这套框架，DeepSeek尽显其卓越的推理能力，没有遗漏关键要点，也不存在无用建议。比起简单地问"怎么办生日派对"，该框架让DeepSeek的回复从"天马行空"变为"量身定制"，既省心又可靠。

当然，此框架中的要素不必全部使用。在DeepSeek官网的提示词示例中，有的仅含2～3个要素也能完整表意。如官方的"宣传标语生成"提示词，就只包含扮演的角色、具体任务、完成目标和约束条件。编写提示词时，可灵活运用基础框架，只要能够切实解决问题，便是优秀的提示词。

知识拓展：DeepSeek也能给自己生成提示词

官方文档中有一个非常值得尝试的提示词模板——"模型提示词生成"，如果觉得书写提示词较为烦琐，不妨尝试使用官方给出的这段提示词，辅助生成有效且实用的提示词，如图3-1所示。

图3-1

3.3 多轮对话和分角色扮演

在如今的AI领域,互联网上关于"多轮对话"和"分角色扮演"的讨论较少。这是因为这两种方法不像简单问答那样直接,需凭个人经验和判断在对话中摸索和引导AI作答。即便有完美的提示词,像DeepSeek这样的AI偶尔也会"跑偏",需人为将其"拉回正轨",但这正是使用AI的乐趣所在。本节将分别讲解这两种"隐藏玩法",帮助读者充分发挥DeepSeek的潜力。

3.3.1 多轮对话

多轮对话并非简单的问答,而是一个持续优化、调整的过程。在不断的对话互动中,用户可以及时察觉并纠正AI回答的偏差。当AI判断不准确时,可即刻干预并进行引导,有效降低"AI幻觉"的出现概率。这种循序渐进的交流方式能逐步让AI给出更契合需求的答案,从而将AI打造成更懂你、更适合你的专属"对话伙伴"。

多轮对话依赖"上下文记忆"。DeepSeek能记住先前的对话内容,即便进行10余轮对话,也不会忘记。官方数据显示,它支持128KB字符的上下文,相当于好几页Word文档。因此,无论是谈论天气、规划旅行还是闲聊,它都能应对自如。

例如这里提问"怎么学英语?"。

提示词

怎么学英语?

DeepSeek提供的方案

可以背单词、看剧、练口语,你喜欢哪种?

提示词

看剧吧。

DeepSeek提供的方案

英剧《唐顿庄园》,每天看20分钟,记5个新词。

提示词

有什么其他剧吗?

DeepSeek提供的方案

《神探夏洛克》也不错，但语速快点，挑战大点。

对普通用户来说，多轮对话就像跟一位有耐心的朋友聊天，不必一次性把问题想全，可以边聊边调整，如计划周末的出行、写文章，甚至记录生活琐事，它都能帮你一步步整理清楚。叠加上一节中的提示词框架，还能让DeepSeek变身"专家"与你面对面对话，轻松获取有用的信息。

3.3.2 分角色扮演

分角色扮演的关键在于给出"角色指令"。当向DeepSeek明确"你是什么身份"后，它便会依据所设定的身份，从自身的储备知识中筛选出恰当的表达方式与内容进行回复。DeepSeek的这种"即兴扮演"能力，得益于其强大的语言生成功能和逻辑推理功能。

在与DeepSeek对话的过程中，可以设定多个角色参与互动。这种模式类似话剧表演，为每个角色赋予独特的身份与鲜明的特征。"专家对话模式"可以让DeepSeek同时扮演不同领域的专家，例如一个是技术专家，另一个是产品经理，让DeepSeek从不同角度分析同一个问题。"辩论模式"设置正反两个角色，让DeepSeek从不同立场进行讨论，帮助我们看到问题的多个维度。"教学模式"可以将DeepSeek的角色设置为学生或老师，通过问答形式深入浅出地解释复杂概念。

提示词

你现在扮演两个角色。
角色A：[描述角色A的特征和专业背景]。
角色B：[描述角色B的特征和专业背景]。
请就[具体话题]进行对话讨论。

使用DeepSeek进行分角色扮演，能产生思维上的碰撞，进而激发丰富的创意与灵感。如构思时，可以安排"天马行空的大师"角色，得到DeepSeek新奇的想法后，让"靠谱的分析员"筛选出可行的方案。经过思维碰撞，可以收获兼具创意性与可操作性的方案。分角色对话丰富了DeepSeek的回答内容，助力挖掘更有价值的思路和结论。简而言之，这是释放AI创意的有效方式，值得在实际操作中多尝试和探索。

3.4 人人都是"提示词工程师"

2024年,"提示词工程师"这一职业诞生,虽然名字具有冲击力,但它并非高不可攀。提示词工程师专注于研究与AI的沟通方式,通过编写巧妙、可靠的提示词来精准调校AI的回答。

以DeepSeek为代表的大语言模型虽然知识丰富,但缺乏指引时容易出现偏差。提示词工程师便思考如何让AI的回答更精准、更具创意。如"写个故事"提示词太过宽泛,AI可能只生成平淡的内容;而编写"你是科幻作家,写一个200字的火星探险故事,带点悬疑"提示词,就能获得更高质量的结果。提示词工程师借助"魔法指令",让AI从"随意输出"转为"定制服务"。

本章内容围绕"提示词优化"展开,这正是提示词工程师的日常工作。过去与机器沟通靠写代码,这是程序员的专属技能。但DeepSeek等AI工具普及后,提示词工程成了大众的新技能。无须编写代码,只要输入提示词就能指挥AI完成写邮件、想创意、解难题等任务,操作简便且效果佳。随着AI的持续火热,更多人将通过探索提示词来挖掘AI的潜力。

宏观来看,提示词工程师不仅能调校AI的回答,还能助力各行业升级。电商行业可用AI工具优化客服回答,教育行业可借助AI工具设计课程,创意行业可通过AI工具激发灵感。人机沟通将更自然、流畅,人们的工作、生活方式也会发生改变,过去难写的内容、难解的题,AI依据提示即可解决。未来,像DeepSeek这样的AI工具或成为人们工作与生活中的必备工具。

第 4 章

"AI+新媒体运营"的流量密码

4.1 新媒体运营的底层逻辑

前面已经介绍了DeepSeek如何通过提示词、多轮对话和分角色扮演，成为新媒体运营中的"创意引擎"和"效率助推器"。从快速生成吸睛文案到优化用户互动策略，AI工具为运营者安装上了技术"翅膀"。然而，技术再强大也只是手段而非目的，新媒体运营的成功离不开一个核心逻辑，即"一切以用户为中心"。该逻辑不仅是前面介绍的技术应用的落脚点，更是后续深入探讨运营的起点。只有理解了它，才能真正从"工具使用者"转变为"运营者"。

4.1.1 跳出"自我陷阱"

踏入新媒体运营领域，运营者往往容易陷入"自我陷阱"，满怀激情地依据个人喜好制作内容，误以为"既然我喜欢，粉丝也一定会喜欢"。然而，现实往往是残酷的，营销专家塞思·戈丁曾精准地指出：不要试图为你的产品寻找客户，而应当为你的客户寻找产品。在新媒体运营中，制胜的关键并非"自我表达"，而是深刻理解并满足"用户需求"。简言之，运营的目标不是取悦自己，而是要精准把握目标用户的心理，创作出他们愿意点击、点赞和分享的内容。

以公众号为例，假设运营者对科技充满热情，满怀激情地撰写了一篇长达5000字的"量子计算深度解析"文章，自认为内容深入且引人入胜。然而，由于其粉丝群体主要由职场用户构成，他们更倾向于阅读轻松且实用的内容，所以这篇倾注了大量心血的文章的阅读量始终未能突破两位数。相反，如果转换角度，撰写一篇如"30秒提升工作效率的技巧"的文章，则很可能会收获可观的点赞数与转发量。

这一鲜明的对比揭示了运营的规律，即创作自己感兴趣的内容可能仅是"自我陶醉"，而创作粉丝感兴趣的内容才是吸引流量和提升用户黏性的关键。对初入行业、尚不了解粉丝喜好的创作者来说，不必为此感到慌张，可通过以下两种策略迅速找到突破点。

找到自我表达与用户需求的交集

运营者或许拥有很多想要探讨的话题，而粉丝的兴趣范围则相对有限，可能仅聚焦于其中的3个话题。这3个话题务必成为运营者与粉丝兴趣的"交汇点"，它们不仅应当是运营者所擅长的领域，还应从粉丝的视角出发，提供切实的实用价值。例如，如果运营者热衷于摄影，并打算撰写关于"镜头参数详解"的文章，但粉丝主要是抖音或生活号的用户，那么他们可能更关注"如何用手机拍出电影效果"。在这种情况下，将内容调整为"3个技巧助你用手机拍出具有电影感的随拍"或许更为合适，这样的调整既维持了运营者对摄影的热情，又满足了粉丝的需求，从而更容易获得粉丝的认可。这种交集能够引起粉丝的共鸣，促进其点赞与转发。

别追求完美，直击实际需求

营销大师菲利普·科特勒曾提到，营销不是卖你能做的东西，而是做客户想要的东西。在新媒体运营领域，用户并不注重文案的华丽程度或剪辑技巧的繁复程度，他们更关心的是内容是否对他们具有实际价值。例如，运营者花费3天时间运用复杂的剪辑技术制作出了"城市夜景延时摄影技巧"，然而职场用户可能更需要"下班后5分钟的解压方法"。相反，如果输出的内容能够直接击中用户的需求，哪怕仅仅是一张图片加上几行文字，也有可能实现广泛传播。关键在于将精力集中在"满足用户需求"上，例如使用DeepSeek快速生成"周末宅家懒人食谱"，这样的内容简单实用，会持续收获用户的点赞。

新媒体运营者若想吸引并维持用户的关注，关键在于内容的"利他性"，只有让粉丝真切地感受到"你是在为他们着想"，才能引发共鸣，这就需要精确地触及他们的痛点和实际场景。接下来，将通过关键词模板结合新媒体运营案例，展示如何利用DeepSeek提高内容的"利他性"，打造既贴心又引人注目的运营作品。

提示词

你是一个精通文案撰写的高手，需要帮助[品牌/IP]进行文案的撰写，他们的用户群体是[用户群体特征]。
1.他们的用户群体的痛点是[具体痛点]。
2.请加入[行业通用昵称]称呼。
3.文案要引发用户的共鸣。
4.内容尽量[遵守的规定]。

你是一个新媒体运营的高手，请帮我写一条关于洗发水的小红书推广文案，洗发水的用户群体是20~30岁的女性。
1.用户主要的痛点是脱发。
2.请加入小仙女、宝子等亲昵的称呼。
3.文案要能够引发用户共鸣。
4.请控制在200字左右，注意规避违禁词。

DeepSeek提供的方案

✿秃头小仙女的救星来啦！宝子们快集合🎀♀

"每次洗头都堵地漏的是谁我不说😭"

"发缝宽到能开船的日子终于要结束啦！"

✿【×××防脱洗发水】专治熬夜秃头症！

生姜+侧柏叶精华直击毛囊，每次洗头都在给发根灌"营养鸡汤"🥣

绵密云朵泡温柔抓牢每根头发，掉发量直接砍半！

头发自带蓬松柔光特效，三天不洗头依旧能拍洗发水广告📸

🦋真实使用日记：

Day7👉梳子上的头发少了一半！

Day28👉发际线炸出绒毛小烟花🎆

闺蜜聚会都在问：偷偷植发了？！

💌秃头姐妹必入套餐：

买正装送同款旅行装+头皮按摩梳

戳👇小黄车领30元优惠券

现在下单还送发际线粉！！

（别等双十一！咱们的头发等不起啊😭）

#油头救星 #发缝消失术 #发量王者

4.1.2 "爆款"总是重复的

前面已经阐明了新媒体运营的核心在于"满足用户需求"。那么，如何把用户的需求转变为热度高的内容呢？这就需要理解"爆款"的底层逻辑。接下来将通过两个要点帮助读者实现从"随意创作"到"精准引爆"的转变。

见过"爆款"，才能做出"爆款"

在新媒体运营领域，爆款内容的诞生并非源于一时的灵感迸发，而是基于对成功案例的深入观察与复盘分析。在抖音平台上，那些轻松获得百万点赞数的短视频的标题往往采用"3分钟掌握××技巧""××你绝对想不到"的形式。在公众号中，阅读量达到10万+的文章，通常遵循"痛点揭示+实用技巧+情感共鸣"的固定套路。

这些爆款内容虽然表面上各具特色，但本质上都遵循一定的创作原则。运营者必须先接触并分析这些爆款内容，拆解它们的构成要素、节奏把握和用户互动点，才能总结出属于自己的爆款内容制作公式。例如，浏览到一个热门的美食视频，发现其以"简单食材+出人意料的效果"的形式吸引观众，那么在后续的内容创作中，模仿这种形式制作的"三颗鸡蛋解锁舒芙蕾蛋糕"视频，也有很大概率成为爆款。多观察、多学习是打造爆款内容的基础。

爆款不是偶然

除了模仿之外，爆款内容的形成还需要经过试错和打磨的过程。根据笔者过往的经验，成为爆款内容的关键有两点：一是借鉴成功作品的元素，二是足够数量的试验作品。借鉴的元素要保留成功作品的核心"骨架"，在这基础上做内容创新。

观察各大平台的爆款短视频，可以发现它们通常采用"悬念开场+高潮结尾"的叙事结构。我们可以基于这一框架制作"用悬念讲故事""用悬念展示才艺""用悬念揭秘生活技巧"的视频，每一条视频都保留这些爆款元素，同时融入自己的独特风格，然后进行批量测试。在抖音上，每天发布3～5个视频；在公众号上，每周推出2～3篇文章。试验作品的数量越多，数据反馈就越明确，总有一个能够触动用户，从而实现火爆的效果。

举例来说，采用"悬念+实用信息"的形式连续发布5个抖音视频，其中一个"30秒教你拍出电影感"的视频因为节奏把握得很好，获得了超过10万的观看量。

明白了"爆款"背后的逻辑，我们如何将其转化为可复制的策略呢？答案就在DeepSeek本身。凭借其强大的推理能力和内容生成技术，运营者可以轻松解析爆款内容，优化创意方案。若想使爆款内容的生成更加系统化，还可以结合ima来构建一个爆款内容知识库。目前，ima支持接入微信及小程序的内容，操作便捷且效率高。接下来讲解如何协同使用DeepSeek与ima来打造一台"爆款制造机"，从而实现从灵感激发到形成高热度内容的连贯创作过程。

01 打开ima，如图4-1所示，输入相关公众号的网址搜索公众号的内容。

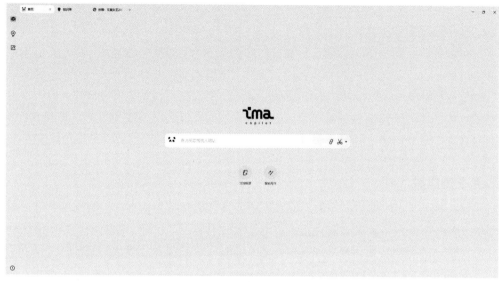

图4-1

02 单击右上角的 ♥ 按钮就可以直接把文章加入知识库中，也可以对小红书的文章执行同样的操作，如图4-2所示。

图4-2

第4章 "AI+新媒体运营"的流量密码

图4-2（续）

03 单击知识库卡片右上角的□按钮，如图4-3所示，可以及时地对知识库的内容进行管理，还可以在页面底部对话框中输入"#"来指定DeepSeek搜索的标签内容。

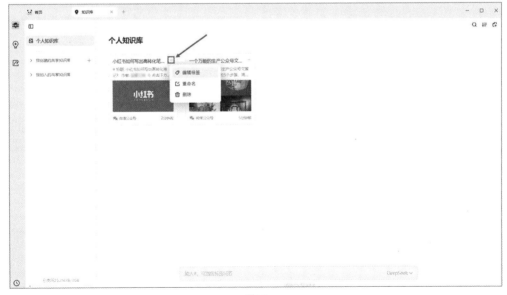

图4-3

4.2 卡在选题了？试试这样做

理解"一切以用户为中心"的逻辑只是起点，要将这一逻辑转化为实际的流量和关注，则需要依靠打造爆款内容来实现。爆款内容的根本在于选题，例如，在运营抖音时，"30秒懒人美食"可能比"美食教程"更能吸引观众；而在运营公众号时，"职场生存小技巧"通常比"职业规划"更引人注目。接下来将分析实战技巧，并解析如何从用户痛点、平台趋势和情感共鸣3个方面入手，利用DeepSeek等工具挖掘出属于你的"流量金矿"。

4.2.1 什么是爆款选题

在讨论如何打造爆款内容时，经常会提及一个词语"爆款选题"。那么，究竟什么是爆款选题呢？简而言之，它指的是那些能够迅速吸引用户注意力、引发广泛共鸣并促进深度互动的内容和主题。爆款选题并非突然出现的灵感，而是用户需求、平台趋势与运营目标三者相互作用的"黄金交叉点"。在新媒体运营领域，一个优秀的选题就如同一把开启流量大门的"钥匙"，能够使内容从无人问津的状态一跃成为人们广泛关注的热点。

爆款选题的三大特征

爆款选题能够精准击中用户的痛点或激发其兴趣。例如，抖音上的"3分钟学会懒人减肥法"之所以爆火，是因为它满足了忙碌的"白领"们既希望减肥又不愿过度劳累的需求；公众号文章"月薪3000如何攒下第一桶金"之所以"刷屏"，是因为它触及了年轻人对财务自由的强烈渴望。此外，爆款选题紧跟平台热点或时事趋势。例如，在"双十一"购物节前夕，"省钱攻略"类选题往往能够"走红"，因为它们借助了平台购物活动的"东风"。最后，爆款选题具备情绪触发点，能够激发用户的共鸣，引起他们情绪上的反应。例如，"职场里最气人的5句话"通过幽默的吐槽方式引发共鸣，使得观众忍不住进行转发。

案例拆解

假设你在运营一个生活类抖音账号，观察到"空气炸锅懒人食谱"话题近期频繁登上热榜。这无疑是一个典型的爆款选题，不仅满足了用户对于"懒人美食"的需求，而且符合"家电热销"的平台趋势，还带有"简单制作大餐"的惊喜感。若仅拍摄"土豆变薯条"的过程，或许会显得平淡无奇；然而，将选题调整为"空气炸锅5分钟制作餐厅同款薯条"，融入反差效果和实用性，便能迅速吸引众多观众。选题的成功，意味着内容创作成功了一半。

选题的力量

在瞬息万变的新媒体竞争中，观众对内容的初印象仅在3秒之内形成。若标题或开头无法迅速吸引观众的注意力，即便内容再精彩也可能付诸东流。一个引人注目的选题，不仅是内容创作的起点，更是吸引流量的关键所在。

4.2.2 爆款选题"三板斧"

新媒体运营中，爆款选题犹如开启流量大门的"金钥匙"。然而，如何寻找这些爆款选题呢？不必对此感到焦虑，根据笔者的实践经验，爆款选题并非无迹可寻的奇思妙想，而是遵循一定规律的策略。下面将从3个切实可行的角度出发，逐步讲解如何发掘爆款选题，实现内容从"随意发布"到"精准引爆"的转变。

对标博主笔记：在成功者的基础上找灵感

各个行业领域内，均有成就斐然的博主，他们的爆款笔记堪称"选题宝典"。运营者可先筛选出几个与自身定位相似的账号，研究其历史发布内容，以探寻流量高峰期。例如，若运营者管理的是一个宠物类账号，发现同行业名人发布的"猫咪洗澡三大误区"的视频获得过万点赞，便可分析其亮点，例如标题含有数字、凸显痛点（洗澡误区）、具备实用性。借鉴这一模式，尝试推出"狗狗喂食三大常见误区"，在保留爆款内容吸引力和结构的基础上融入个人风格，极有可能吸引观众关注。以优秀博主为标杆，学习他们的经验与技巧，能够让运营者在摸索过程中少走弯路。

评论区"淘金"：从观众的声音里挖选题

爆款内容的评论区犹如一座富含需求的"金矿"，观众的评论常常直接反映了他们的痛点和期望。运营者可以从这些评论中汲取灵感，并结合原有的爆款内容进行模仿和创新。例如，针对健身类账号的运营，"5分钟腹肌速成法"评论区中观众提出"如何锻炼腿部？""有没有适合上班族的版本？"等问题。运营者可以把握这些需求，将其扩展为"5分钟瘦腿秘诀"或"上班族专属5分钟拉伸训练"，既保持了爆款内容的"时间短+实用"结构，又满足了观众的新需求。这种策略能够抓住观众的痛点，从而满足其期望，既简单又高效。

细分领域"试水"：用数据筛选出"王牌选题"

若尚未确定选题方向，建议在细分领域内进行多次尝试与探索。运营者应先搜集细分领域中的热门内容，通过模仿并结合数据分析来指导决策。例如，针对美妆类账号的运营，可以在小红书上搜索"口红"和"底妆"等关键词，筛选出几篇热门笔记，进而发现"平价口红推荐"和"懒人底妆教程"等内容最受欢迎。随后，可以尝试发布"3款百元口红实测"和"5分钟无瑕底妆步骤"等主题的内容，每篇内容都采用"实用+清单"结构，并融入自己的独特风格。发布后，通过数据分析观察哪条内容的点赞数和收藏量较高，进而深入挖掘该方向的选题。例如，若"3款百元口红实测"的收藏量最高，则应主攻"平价彩妆"，将其打造为账号的流量核心。

这3种方法的核心理念是从盲目猜测转变为目的明确的决策，使选题更加贴近观众需求、更符合平台特性。接下来将讲解如何运用DeepSeek放大这些方法（包括快速分析同类内容、提炼评论中的需求、筛选出爆款趋势）的效果，从而构建一套高效的选题策略体系。

4.2.3 DeepSeek+SEO，让选题有迹可循

在探索爆款选题的过程中，运营者或许会认为成功完全依赖于"运气"，有时选题火爆，有时却无人问津。实际上，新媒体运营的选题并非毫无章法，还可以借助科学的工具使其"有迹可循"，这正是SEO（Search Engine Optimization，搜索引擎优化）的作用所在。结合DeepSeek的智能分析能力，SEO不仅可以帮助运营者发现观众感兴趣的内容，还能使选题在浩瀚的信息海洋中脱颖而出。接下来将介绍SEO的基本概念，并探讨如何使用DeepSeek为其"增值"。

什么是SEO？

SEO就是通过优化使内容更容易被搜索引擎（百度、Google）或平台内的搜索功能（小红书、抖音的搜索栏）推荐给用户。例如，运营一个美妆类账号，发布内容时可选择使用"平价口红推荐"而非"口红测评"，因为前者的搜索量通常会比后者高出数倍。SEO的核心在于关键词，即用户在搜索栏中输入的词语，这些词语客观地反映了他们的需求。

选择正确的关键词，可以使内容精准地匹配用户意图，不仅能够使流量倍增，还能显著提升内容的曝光率。对新媒体运营者而言，SEO犹如一张"流量地图"，指引他们了解用户的分布和需求，从而将内容选题从"随机尝试"转变为"精准命中"。

用DeepSeek优化SEO的好处

用DeepSeek优化SEO的主要优势体现在以下3个方面。

关键词挖掘效率提升：DeepSeek能够迅速分析热门关键词及长尾关键词，协助运营者发现高流量、低竞争的内容选题。例如，输入"分析小红书美妆类热门关键词"，系统可能输出"学生党口红选择""适合干皮的底妆推荐"等结果，其速度远超手动搜集数十倍。

内容优化精度提高：DeepSeek不仅能够生成符合SEO标准的标题和正文，还能依据关键词调整语气和文章结构。例如，针对"懒人护肤"这一关键词，DeepSeek可撰写出"5分钟懒人护肤方案，适合各类肤质"的文章，既符合用户搜索习惯，又精准解决用户痛点。

趋势预测智能化：结合自身的推理能力和平台趋势，DeepSeek能够预测潜在的爆款选题。例如，询问"未来一个月抖音健身类选题趋势"，DeepSeek可能会输出"冬季室内高效燃脂方案"，帮助运营者提前锁定流量高峰。

总之，DeepSeek可以通过分析SEO关键词来挖掘用户需求，并给出提升质量和呈现形式的建议。无论是想在小红书上通过"学生党穿搭"吸引用户，还是想在抖音上利用"懒人美食"实现"刷屏"效果，DeepSeek与SEO的结合都能够使内容既贴近用户需求，又符合平台特性。

接下来将通过具体案例和操作步骤相结合的方式，讲解如何用DeepSeek把SEO融入选题优化流程。

01 在搜索栏中寻找垂直领域的关键词。这里以小红书的搜索栏为例，以"平面设计"为关键词，在小红书的搜索栏中输入"关键词+a/b/c……"，获得一部分关键词，如图4-4所示。

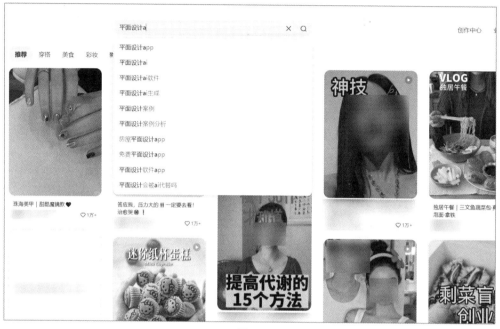

图4-4

02 搜到的这些关键词反映了用户在现实场景中遭遇的痛点。将这些关键词提交给DeepSeek，并采用分步骤的方式让DeepSeek进行分析。

提示词

你是一个善于找到用户痛点的小红书运营专家，你有30年的经验，你可以根据用户在网络上搜索的关键词，敏锐地察觉到用户的痛点是什么，再结合自媒体博主所在的领域和目标人群，为其输出吸引人眼球的选题。

我是一个设计领域的自媒体博主，我的目标人群是想通过小红书学习平面设计的设计师，我在小红书上搜到大家搜索的关键词如下。

平面设计app、平面设计ai、平面设计ai软件、平面设计ai生成、平面设计案例、平面设计案例分析、房屋平面设计app、免费平面设计app、平面设计软件app、平面设计会被ai代替吗、平面设计B站UP主推荐、平面设计笔记本计算机推荐、平面设计报价表、平面设计包月、平面设计比赛、平面设计笔记、平面设计包含什么内容、平面设计毕业设计、平面设计报班、平面设计毕设、平面设计尺寸、平面设计创业、平面设计插画、平面设计重复构成、平面设计春招、平面设计测试题、平面设计草图、平面设计参考网站、平面设计创意海报。

请你按照如下步骤为我完成任务。
1. 思考这些关键词，反映了目标用户的哪些痛点？
2. 假设你是一名用户，针对每一个痛点，你会提出哪些问题？
3. 这些问题与我所在的领域可以如何结合？
4. 根据步骤3的分析，针对每一个痛点，你会提出哪些问题？
5. 根据步骤4的结果，列出一个月的选题。
6. 再次把身份转换成目标用户，以降序的方式对痛点进行排序。
任务要求如下。
1. 执行步骤2的时候，要模拟目标用户，用口语化的方式提出具体的问题。
2. 执行步骤4的时候，要对关键内容点做出详细的拆分，以确保能把这个问题的方方面面都涵盖。

DeepSeek提供的方案

步骤1：关键词痛点分析（按用户搜索行为归类）

核心痛点分类	关键词示例	用户需求本质
AI工具冲击焦虑	平面设计被AI代替、平面设计AI生成、平面设计AI软件	担心被AI取代，同时想掌握AI工具以提升效率
工具选择困难	平面设计软件App、免费平面设计App、平面设计笔记本计算机推荐	新手/学生预算有限，需性价比高的工具和硬件
职业发展迷茫	平面设计创业、平面设计报价表、平面设计包月	自由设计师对定价、获客方式、商业化路径不清晰
学习资源匮乏	平面设计案例分析、平面设计B站UP主推荐、平面设计测试题	缺乏系统学习路径和可模仿的优质案例
设计基础薄弱	平面设计尺寸、平面设计重复构成、平面设计创意海报	新手对基础规范（如尺寸、构图）不熟悉，导致作品不专业
比赛/毕设压力	平面设计比赛、平面设计毕设、平面设计毕业设计	学生群体急需选题灵感、作品集指导和参赛技巧

步骤2：用户视角痛点问题（口语化表达）
1. AI工具冲击焦虑
"AI生成的海报比我做的还好看，设计师是不是要失业了？"
"有没有适合'小白'的AI设计工具？用了会被说抄袭吗？"
"用AI做设计，客户会不会觉得我不专业？"

2.工具选择困难

"学生没钱,有没有免费又好用的设计软件?"

"做平面设计到底用macOS计算机还是Windows计算机?"

"iPad能替代计算机做专业设计吗?"

3.职业发展迷茫

"给客户报价500元,他说淘宝只要50元,怎么办?"

"自由设计师一个月接不到单,要不要转行?"

"包月设计服务该收多少钱?怎么防止客户无限改稿?"

4.学习资源匮乏

"跟着B站哪些教设计的UP主能学到东西?"

"为什么我临摹案例总像东拼西凑?"

"有没有带讲解的完整案例拆解?"

5.设计基础薄弱

"做海报总被说排版乱,到底该怎么练构图?"

"印刷用的尺寸和线上尺寸有什么区别?"

"客户说要'高级感',到底怎么用颜色和字体?"

6.比赛/毕设压力

"设计比赛评委看重创意还是技术?"

"毕设是做品牌设计还是插画设计更容易拿高分?"

"作品集放多少作品合适?需要统一风格吗?"

步骤3:痛点与设计领域的结合策略

痛点类型	内容方向	呈现形式	用户获得感
AI焦虑	AI工具实测对比、人机协作工作流	过程录屏+原文件分享	掌握AI工具,不会被AI替代
工具选择	免费工具横向测评、硬件配置解析	信息图表+性能测试数据	降低学习成本
职业发展	报价模板、客户沟通话术、案例复盘	模板下载+对话模拟	直接提升收入
学习提升	从草稿到成稿的全流程拆解	分镜式步骤解析	可复制的学习方法
设计基础	尺寸规范手册、构图"万能"公式	可打印的速查表	避免低级错误

续表

痛点类型	内容方向	呈现形式	用户获得感
比赛/毕设	获奖作品深度解析、选题"避坑"指南	导师点评视角	提高成功率

步骤4：痛点问题深度拆解（以"AI工具冲击焦虑"为例）

用户问题：

"用AI做设计，客户会不会觉得我不专业？"

拆解维度：

客户认知：中小企业主对AI设计的接受度调研数据

应用场景：AI适合初稿/灵感生成，设计师负责精细化调整

话术技巧：如何向客户解释"AI辅助设计"的价值

案例对比："纯AI出品"VS"AI+人工修改的成稿差异"

伦理边界：使用AI工具时的版权声明注意事项

步骤5：30天选题库（按痛点优先级排序）

第1周：AI工具突围战

Day1："用这3个AI工具，我一天做完一周的设计需求"

Day3："避雷"实测10款AI设计工具，只有这2款能商用！

Day5：客户接受AI设计吗？500份调研数据告诉你真相

第2周：工具省钱指南

Day7：学生必看！免费替代PS的宝藏App实测

Day9：做设计必须用macOS计算机？3000元的Windows计算机配置单

Day11：iPad+这个软件，出门在外也能接急单

第3周：职业变现秘籍

Day13：平面设计报价表模板（附不同城市价格参考）

Day15：客户说"再改一版"？3个话术让他当场签单

Day17：包月服务年入20W，我的客户管理表格公开

第4周：案例实战教学

Day19：从草稿到成稿！餐饮品牌VI全流程拆解

Day21：被抄袭？教你用"重复构成"做出独特国潮风作品

Day23：春招作品集这样做通过率翻倍

专项内容

Day25：印刷级尺寸手册（附常见物料出血设置）

Day27：毕设选题避开这3个"坑"，导师眼前一亮

Day29：高级感配色秘籍："偷师"大牌2024年度色

步骤6：用户痛点排序（按搜索量和焦虑程度）

AI替代焦虑（高频搜索+情感恐慌）

工具选择（刚性需求+决策成本高）

职业变现（直接影响收入）

学习资源（长期留存需求）

比赛/毕设（季节性高峰）

设计基础（隐性需求但影响专业度）

执行建议

封面关键词：在标题中使用"小白必看""避雷""吐血整理"等小红书高点击率词汇

内容结构：采用"痛点场景+解决方案+资源福利"三段式结构，文末提供尺寸表/报价模板等资源

发布时间：职业类内容放在工作日中午，工具测评放在周末下午

数据监测：重点关注"平面设计会被AI代替吗"相关内容的收藏率，这反映了用户内心的深层焦虑

借助SEO提升搜索排名并构建选题库，运营者能更迅速地洞悉平台用户的核心需求，从而使选题库质量更优，并获得更多的曝光机会。例如，在小红书平台上，"干皮救星"可能比"护肤品推荐"更符用户需求，其搜索量也相对更高。

SEO犹如一面反映用户真实关注点的"镜子"，是指引选题方向的"标识"，助力运营者锁定流量高峰。采用这种方法构建的选题库能够更加精确地触及目标受众，从而带动内容曝光率和用户互动率的提升。

第 5 章

新手也能写出高赞文案

5.1 AI"秒出"好标题

从洞察用户需求到创意输出，每一步都考验着运营者的专业能力。在繁忙的创作流程中，标题的设置尤为关键。一个经过精心打磨的标题，往往能够决定内容的播放量和传播力，甚至成为吸引粉丝点击的一把"钥匙"。具备敏锐感知力的运营者深知，标题不仅是内容的"门面"，更是撬动流量的"杠杆"。如何使标题既吸引眼球又贴合需求呢？DeepSeek正好能够为运营者提供新的思路。本节将聚焦于标题撰写的实战技巧，并结合DeepSeek的智能辅助来逐步揭示打造爆款标题的"秘诀"。

5.1.1 八大标题创作技巧

高点击率内容的标题并非依靠运气偶然获得，而是基于系统化的创作策略和持续的实践积累得出的。下面总结了八大深植于用户心理的标题创作技巧，并结合实战案例进行讲解，有助于读者将标题从"平淡无奇"的状态转化为"流量引爆器"。

提问"勾魂"，点燃好奇"火花"

运用巧妙设计的问题唤起用户的好奇心，促使其点击内容以寻求解答。

示例："为什么90%的抖音博主都在偷偷用这个剪辑技巧？""你知道每天刷的小红书推荐藏着什么秘密吗？"

场景： 短视频或图文内容的开头。可提高用户停留率。

权威背书，借势增强信任感

引用专家、数据或品牌，增强标题可信度，吸引目标人群关注。

示例："皮肤科医生揭秘——这招让痘痘3天消退""字节跳动内部资料曝光——爆款内容的创作真相"。

场景： 科普或专业类内容。可强化内容说服力。

悬念引诱，吊足胃口

通过制造悬念勾起用户的好奇心，使其忍不住点进内容一探究竟。

示例："我试了这个隐藏功能，手机电量多撑了2小时……""她只改了一个设置，粉丝增长数翻倍，你猜是什么？"

场景： 生活技巧或教程类内容。可制造"必须知道"的冲动。

紧扣热点，借东风"起飞"

紧扣时事热点或平台趋势，提供独特视角，抓住大量流量。

示例："××热潮下，这款运动装备为何突然卖爆？""×××大结局后，你不能错过的穿搭技巧。"

场景：节日营销或热门IP联动内容。可抢占实时关注。

数字驱动，精确"抓眼球"

用具体数字传递清晰价值，提升标题说服力，直击用户需求点。

示例："3个步骤，7天让你的公众号涨粉500""分析1000条爆款笔记，我发现了4个标题规律"。

场景：知识分享或数据分析类内容。可增强内容实用性。

情感触动，直击心灵

触发用户的情绪，与其建立情感链接，让内容更有说服力。

示例："辞职那天，老板说了一句让我哭到凌晨的话。""这些深夜emo瞬间，你是不是也经历过？"

场景：故事或生活记录类内容。可拉近与用户的距离。

放大痛点，直面用户焦虑

放大用户的常见问题或痛点，提供解决方案，使其产生点击欲望。

示例："加班到头秃？这招帮你5分钟缓解压力""口红选不对毁全脸？3个技巧挑口红"。

场景：解决问题类内容。可突出内容"非看不可"的价值。

对比反差，差异化表达

用鲜明的对比凸显内容亮点，让标题更直观、更具冲击力。

示例："月入10万，我靠这招翻盘""懒人VS勤奋者：护肤效果天壤之别"。

场景：经验分享或教程类内容。可制造视觉对比感。

尽管掌握优秀的标题创作技巧有助于高效地完成编辑任务，但个人创意能力具有局限性。即便是经验丰富的运营专家，在一次性的"头脑风暴"中也难以产生超过30个高质量的创意标题。然而，借助DeepSeek应用这些专业技巧，可以一次获得多种标题组合与变体。在这种创作模式中，运营者更多地充当评估者的角色，运用专业的判断力和市场洞察力来筛选并优化AI生成的内容，以确保最终选定的标题既富有创意，又契合品牌风格和目标受众的期待。

提示词模板

扮演的角色+具体任务+完成步骤+约束条件

提示词

你是一名知名小红书博主，笔记的标题内容是"新媒体运营必看的3个设计网站"，请按照以下方式改写标题，这几种方式可以组合使用，也可以单个使用，每个标题在20字左右，请给我5个标题。

1. 提问引起兴趣：用问题引起读者的兴趣，引导他们探索答案。
2. 借助名人：借助名人效应，提高文案的可信度。
3. 悬念吸睛：留下未解之谜，激发读者的探索欲。
4. 借助热点：结合时事热点，提供独到见解，吸引关注。
5. 用数字说话：用精确数据传达信息，提升说服力。
6. 情感共鸣：触发读者情感，与其建立心灵连接。
7. 逆向思维：打破常规，提供新颖的视角，引人深思。
8. 对比突出：利用对比强调差异，突出主题。

DeepSeek提供的方案

以下是5个符合小红书风格的标题改写方案（综合使用数字法、效果强调法、提问式、热点词和情绪化表达）。

1. "超实用！"新媒体人必备8个"宝藏"设计网站（数字法+情绪化表达）
2. 运营效率翻倍㊙这8个网站让你秒变设计"大神"（效果强调法+热点词）
3. 新媒体人如何快速出图？8个私藏网站"安利"（提问式+情绪化表达）
4. 亲测好用！8个让老板惊艳的设计神器合集（效果强调法+热点词）
5. 月薪3W运营人都在用的8个设计网站（建议收藏）（数字法+效果强调法+情绪化表达）

每个标题都控制在20字以内，使用了表情符号、热点词和效果承诺等，既保留了核心信息，又增强了吸引力，符合小红书用户对"实用技巧+轻松表达"的内容偏好。

从上述案例中可以明显看出，DeepSeek在标题的创意生成上已经达到了专业级水准。通过对那些点击量超过10万的爆款内容的标题进行深入分析，发现其可以简化为"用户洞察+结构模板"。当将100个真实的高转化率内容的标题输入DeepSeek进行结构化分析后，DeepSeek不仅能够理解这一基础逻辑，还能批量生成符合该规律的创意标题，大大提升了运营者的工作效率。

在当前注意力极度稀缺的内容环境中，即便内容再优质，也需要精准而犀利的标题才能打动受众的内心。DeepSeek就是这样一款高效且精准的工具，它能够让运营者在激烈的市场竞争中脱颖而出。

5.1.2 用情绪吸引你的观众

在新媒体运营领域，优秀的创作者深知如何运用情绪吸引观众的注意力。特别是在短视频平台上，观众往往会被强烈的情绪波动所吸引，无论是惊讶、欢乐还是感动，都会让人不由自主地观看完整条视频。标题同样能够蕴含情绪，资深文案创作者擅长通过标题引起读者的好奇心或共鸣，并激发其点击欲望。情绪不仅是内容的"灵魂"，还是标题引人关注的"磁铁"。接下来将解析几种常见的情绪化标题撰写技巧，探讨如何利用情绪将标题转化为流量的"入口"。

痛点场景+解决方案：直击焦虑，递上"解药"

先抛出用户常见的"痛点"场景，引发其焦虑情绪或使其产生共鸣，再引导其关注解决方案，让他产生一种"必须看完"的冲动。这种方法利用了人们对解决问题的渴望情绪。

方法：描绘痛点场景+提供实用方法。

示例："加班到凌晨头痛不已？5分钟按摩法让你'满血复活'""衣服总穿不出高级感？这条视频教你搭配"。

场景：适合短视频或小红书笔记，直击用户痛点（如职场疲惫、穿搭困惑），让用户觉得"这就是为我写的"。

情绪效果：从"烦躁无奈"到"松一口气"的转变，拉近距离。

反常识结论+权威背书：打破认知，加强信任

先用违反直觉的结论制造悬疑或疑惑，再加上专家、数据等可信度高的信息平息质疑，勾起用户探索真相的欲望。这种方法是借助"意料之外+情理之中"的情绪反差发挥作用的。

方法：反常结论+权威信息佐证。

示例："喝咖啡反而让你更困？×××研究揭秘真相""减肥不靠运动？营养师教你躺着瘦的秘密"。

场景：适合科普类抖音视频或公众号文章，吸引关注健康、职场的用户，标题自带"反差感"。

情绪效果：从"怎么可能"的震惊，到"原来如此"的信服，牢牢抓住用户的好奇心。

具体数字+结果诱惑：量化期待，放大渴望

用精确数字框定范围，并搭配吸引人的结果，让用户产生关于"简单达成目标"的期待情绪。这种方法通过清晰的承诺来激发用户的行动欲。

方法：用数字限定时间/步骤+诱人的成果。

示例："3天学会拍出高赞短视频，零基础也能行""每天10分钟，7天让你的皮肤变水嫩"。

场景：适合教程类视频或干货笔记，吸引想快速提升技能或收获成效的用户（如

运营"小白")。

情绪效果：从"遥不可及"的迷茫，到"触手可及"的兴奋，激发用户点击内容的冲动。

这3种标题撰写方法能有效吸引用户的注意力，唤起他们的点击欲望，从而让他们对内容的态度从"浏览"转变为"驻留"。DeepSeek作为一款智能化工具，能够协助运营者迅速生成富有情感的标题，既节省时间又能满足实际需求。接下来将深入讲解DeepSeek的实际应用，剖析如何利用它创作出扣人心弦的标题，使标题在短时间内吸引众多用户的目光。

提示词模板

扮演的角色+具体任务+约束条件

提示词

你是拥有5年经验的小红书爆款标题专家，请根据这3种标题结构【痛点场景+解决方案、反常识结论+权威背书、具体数字+结果诱惑】并结合以下信息生成10个标题。

主题领域：[有氧跑步]

内容关键词：[减脂、健康、活力]

目标人群：["90后"职场"牛马"]

特别要求：[制造悬念并引发共鸣]

DeepSeek提供的方案

【痛点场景+解决方案型】

"每天加班到10点？不跑步也能月瘦8斤"（深夜工作场景+高效减脂承诺）

"久坐腰腹赘肉警告！每天20分钟跑步逆袭攻略"（办公室人群痛点+碎片化解决方案）

"打工人运动指南：跑步这样跑=多燃脂40%"（工作标签+科学数据支撑）

【反常识结论+权威背书型】

"空腹跑步更伤身？×××教授推翻三大跑步误区"（颠覆常识观点+体育学府背书）

"每天跑步反而变胖？×××组织揭秘最佳跑步频率"（反直觉结论+国际权威机构佐证）

"跑步伤膝盖？×××教练私藏的'无痛跑法'"（破除认知误区+权威资源背书）

【具体数字+结果诱惑型】

"月跑量30km=减脂5斤？打工人实测真相来了"（精准量化指标+人群身份共鸣）

"每周×次跑步=代谢提升×%！科学报告解读"（可执行频次+效果诱惑）

"跑步1年告别'过劳肥'：体检7项指标逆袭"（长期价值可视化+健康焦虑缓解）

"跑错=白跑！5个让燃脂翻倍的'黑科技'跑姿"（损失规避心理+动作技术悬念）

设计底层逻辑

身份标签强化：使用"打工人"等群体"黑话"，触发身份认同感

科学权威背书：引入权威机构，破除"鸡汤式健身"认知

焦虑具象化：将"腰腹赘肉""代谢下降""体检指标"等抽象健康问题可视化

反常识结论：通过颠覆常识的结论制造认知冲突，如"跑步反而变胖"

时间管理适配："20分钟""每周3次"等设定，匹配职场人时间碎片化的特性
每个标题均植入"危机感"与"希望感"的双重情绪，符合"90后"职场人对高效健康管理的核心诉求，建议搭配凌晨2点/咖啡"续命"等场景图增强代入感。

5.2 轻松写出"10万+"

前面介绍了撰写爆款标题的技巧，并讲解了如何利用DeepSeek来迅速生成有吸引力的标题。一个吸引眼球的标题犹如内容的"敲门砖"，它决定了用户是否愿意点击和观看作品。然而，仅有优秀的标题是不够的，内容的质量同样至关重要。幸运的是，DeepSeek不仅能够处理标题，还能在内容创作方面大显身手。接下来将分享打造"10万+"爆款内容的秘诀，解析如何运用结构化方法创作打动人心的内容，并借助DeepSeek实现从选题到成文的流程化生产，让运营作品既有流量又有深度。

5.2.1 高转化率的短视频带货脚本

在短视频营销领域，带货脚本被誉为高效变现的"撒手锏"。对自媒体创作者而言，无论是推广产品还是与品牌合作，一份精心策划的带货文案都是核心"利器"。撰写高转化率的脚本，需遵循以下黄金法则："开头3秒的内容必须吸引用户注意力，中间8秒激发用户的购买欲望，结尾约15秒悄无声息地促成购买决策"。通过这样的策略部署，用户将从"随意浏览"转变为"立即下单"。虽然这种创作模式在行业内并不新颖，但在AI时代，诸如DeepSeek之类的工具可以使该过程更加高效、精准。接下来将详细解析该过程中3个阶段的创作框架，指导运营者掌握流程化的带货脚本创作方法。

开头3秒："抓"住眼球，停不下来

短视频的前3秒是关键，将决定用户的停留率和停留时长。下面分享两个能够吸引用户停留的脚本模板。

模板1："产品要解决的问题+用户最心烦的场景+放大问题的后果"

示例："脸上油光满面？出门5分钟妆就花了？小心毁了整天的心情！"

场景：适合美妆类产品，放大焦虑，激发用户"必须解决问题"的冲动。

模板2："产品带来的感受+用户最心动的场景+场景描述"

示例："皮肤水嫩到发光，姐妹聚会时被全场夸！试试这款面膜！"

场景：适合高期待产品，用美好的画面增强用户的向往感。

中间8秒：放大欲望，"种"下心动

视频的前3秒留住用户后，要用接下来的8秒内容让其购买欲望"燃"起来。下面分享两个有助于激发用户购买欲望的脚本模板。

模板1："设置与产品相关的场景+证明产品效果的依据+放大给用户带来的好处"

示例："健身房常看到的瑜伽裤，×万人实测超透气，穿上腿细一圈不是梦！"

场景：适合服饰类或工具类产品，用证据和效果吸引用户。

模板2："产品带来的相似点1+相似点2+相似点3"

示例："它帮我省下不少化妆时间，也让我告别暗沉，还能随时补水救急！"

场景：适合多功能产品，层层递进，引起用户共鸣。

结尾15秒：推动下单，成交在望

结尾15秒是推动用户下单的"临门一脚"。下面分享3个可促使用户下单的脚本模板。

模板1："购买产品的成本+使用多久+平均每天多少钱"

示例："只要99元，能用3个月，每天不到1块钱！"

场景：强调了性价比，降低了决策门槛，适合对价格变化敏感的用户。

模板2："好处和价值1+好处和价值2+好处和价值3"

示例："皮肤变白了，毛孔变小了，自拍都不用滤镜了！"

场景：叠加了价值感，适合美妆类或护理类产品，勾起用户"立马拥有"的欲望。

模板3："谁付费的+使用后获得什么+额外收益"

示例："闺蜜送了我一支，用完肤色均匀，连男友都夸我气色好！"

场景：用故事化场景促进下单，适合礼品或社交类产品，有助于增强用户的信任感。

这套"3—8—15"的脚本模板各个环节紧密相连，开头引人入胜，中间有效引起用户兴趣，结尾促成交易，整体效果显著。值得注意的是，在AI时代，DeepSeek为这种模式化的创作提供了强大的助力。它不仅能够迅速生成符合该模板结构的脚本，还能够依据产品的特性调整语言风格和具体细节。

接下来介绍如何借助DeepSeek把这套短视频脚本模板变成"变现利器"。

提示词

你是一个资深的抖音短视频带货博主，请按照以下结构帮我创作两分钟左右的薄荷牙膏的带货口播文案。

1.开头以这种结构来抓住用户的眼球:
{产品要解决的问题}+{用户最心烦的场景}+{放大问题的结果}
2.中间要用这种结构来放大用户的购买欲望:
{设置与产品相关联的场景}+{证明产品的效果依据}+{放大给用户带来的好处}
3.结尾15秒要用这种结构来让用户下单:
{购买产品的成本}+{使用多久}+{平均每天多少钱}

DeepSeek提供的方案

薄荷牙膏两分钟带货口播文案

开场白（约20秒）

大家好！今天给大家推荐一款薄荷牙膏，专治各种口气问题！你是不是经常早上起来发现口气特别重？重要会议上离同事近一点说话，对方就皱眉后退？约会时想靠近一点，结果对方找各种借口躲开？这些尴尬场景可能都是因为口腔问题，口腔问题不仅影响社交，更会让你自信心直线下降！

产品介绍（约40秒）

看看我手里这款薄荷牙膏，它不是普通的牙膏哦！它添加了×××薄荷提取物，这种薄荷生长在零摄氏度以下的环境，纯净无污染，清新度是普通薄荷的×倍！

而且它通过了×××协会认证，临床试验证明：连续使用×天，×%的人口气问题明显改善，牙齿亮白度提升×个色阶！不仅能解决口腔异味，还能让你的牙齿像珍珠一样洁白闪亮！

刷牙×秒后，清凉感能持续×小时，即使吃了大蒜、葱、韭菜这些重口味食物，也不用担心口气问题！上班、约会、社交，再也不怕近距离交流了！

使用展示（约30秒）

来，我现在给大家演示一下。（挤出适量牙膏）看这细腻的质地，闻一下，超级清新。刷牙时会有一种冰爽感，但不刺激，特别舒服！

我已经用了一个月了，不仅口气清新了，你们看我的牙齿，是不是比以前白多了？之前喝咖啡、喝茶留下的黄渍也慢慢淡化了！现在我说话、笑起来都特别自信，再也不怕别人嫌弃我口气重了！

价格优势（约15秒）

这款薄荷牙膏，市场上要卖99元一支，但今天直播间特价只要59.9元，一支能用3个月，平均下来每天只要6毛7！想想看，每天花不到1块钱，就能解决困扰你的口气问题，提升社交自信，这不比天天买口香糖划算多了？

促销活动（约15秒）

今天下单还有三重好礼相送：第一重，送专业软毛牙刷一支；第二重，买二送一，等于三支只要119.8元；第三重，前100名下单还送便携式漱口水一瓶！

活动只限今天，错过再等一个月！点击屏幕下方链接直接下单，包邮到家，七天无理由退换，有什么问题随时私信我！

赶紧行动吧，给自己一个清新的口腔环境！

5.2.2 小红书文案也能"一键直出"

在着手创作一篇高转化率的小红书笔记时,需要先对目标内容进行系统化分析。

在小红书的搜索生态系统中,贴近用户日常生活的内容往往能够获得更高的点击率和用户互动率。同时,采用幽默、夸张的表达方式能够有效地传递情绪价值,与用户建立情感共鸣。因此,在构思正文内容时,应有针对性地调整关键词,确保内容既贴近生活又具有感染力,从而最大化笔记的传播潜力。

提示词模板

扮演的角色+具体任务+完成步骤+约束条件

提示词

你是一名拥有百万粉丝的小红书博主,请为我撰写一篇主题为"快速入门新媒体运营"的文案,请按以下要求撰写。

1. 贴近用户生活,用"友友们"等亲密的称呼拉近距离,多用"利他性"表述。
2. 紧跟与"新媒体运营"相关的热门话题。
3. 可用夸张、热情、推荐的语气传递情绪价值。
4. 排版注意视觉美感,500字左右。
5. 请避免使用违禁词。

DeepSeek提供的方案

🔥友友们!今天必须把你们摁在椅子上,向你们分享我压箱底的新媒体运营"速成大法"!零基础也能3天变身"流量收割机","刷爆"朋友圈的秘诀全在这了!👇

1️⃣ 反向选题法:做"叛逆小孩"才能火!🔥

别再写千篇一律的"职场干货"了!试试"如何养成'听话'的老板"这种反向选题!用"熟悉事物+陌生角度"引起用户好奇心,数据直接翻×倍!

2️⃣ 人设越"不完美",涨粉越快!✨

别当高高在上的专家!学学接地气的网红博主,自曝黑历史+疯狂玩梗!用户就爱看"和我一样惨但努力"的真实人设!

✨试试发条笔记:"今天被甲方骂哭3次,但姐的睫毛膏依然坚挺!"互动率暴涨80%!

3️⃣ AI神器轰炸!1小时产出3天量💥

用豆包写文案,用DeepSeek生成爆款标题,用创客贴30秒做出ins风海报!最近超火的AI影音工具,连×××都能给你唱广告歌!

⚠️警告:别让老板知道这招,不然你会因为效率太高被迫带薪"摸鱼"!

4️⃣ 数据挖宝术:偷看用户的"深夜搜索"🔍

后台数据别光看播放量!重点盯这3个指标:

☑ 2秒跳出率(决定生死);
☑ 15秒完播率(爆款密码);

> ✓ 凌晨3点互动峰值（情感共鸣点）。
> 偷偷告诉你们：用户半夜最爱看"搞钱偏方"和"复仇爽文"！
> 🎊彩蛋福利！新人必薅羊毛🎊
> 重庆的宝子快去抢免费AI训练课！手把手教你把DeepSeek驯化成24小时打工仔，还有抖音起号实战训练！
> 📧互动话题：你被哪个反向选题惊艳过？
> 👉评论区揪3位宝子送《爆款标题1000例》电子版！
> 📌关注本号，下期揭秘"如何用老板的咖啡钱做爆款投流"

以上内容均由DeepSeek智能创作完成，文案设计及排版布局中细致地嵌入了很多细节。无论是内容结构还是表达手法，均经过精心雕琢，展现了专业内容创作的精髓。即便是自媒体领域的新手，通过这些明确且直观的文案也能激发创作热情，并轻松打造出独具特色的爆款内容。

5.3 金句频出的好文

一句深入人心、触动情感的妙语，常常能成为激发粉丝情感、促进分享的关键。无论是短视频中的旁白，还是小红书笔记中的点睛之笔，"金句"都能使内容从"一瞥即忘"转变为"铭记于心"。接下来将解析如何用简洁有力的语言触及用户的痛点与引起用户的共鸣。

5.3.1 6个金句写法

写出让人忍不住点赞的金句，本质上是用精准的语言来引起用户的共鸣。它是情绪的引线，能让用户的情感状态从"哦，原来如此"变成"太对了，必须分享"。在短视频或小红书笔记中，金句往往能让内容脱颖而出，化平淡为热门。下面分享6个金句写法，并通过拆解相关案例，详细讲解如何写出"戳心"的爆款金句。

反差张力：矛盾冲突引发思考

特征： 用"对立"概念制造张力，让用户发出"怎么可能"的惊叹。

案例： "最怕你一生碌碌无为，还说平凡难能可贵。"

场景： 体现了平凡与碌碌无为的价值观碰撞，直戳"自我麻痹"的痛点，以产生励志的效果。

技巧： 找一对矛盾点（如理想与现实）碰撞出火花。

具象隐喻：抽象情感可视化

特征：用具体意象包装抽象概念，让用户"看见"情绪，余韵悠长。

案例："生活像湿透的毛衣，沉重却甩不掉。"

场景：小红书心情笔记。将负面情绪具象化，使用户产生强烈的共鸣。

技巧：选1~2个意象关键词（毛衣、解药）串起情感。

情感"钩子"：精准"钓"起群体心声

特征：直击特定群体的情绪痛点或共鸣点，让其产生"就是我"的认同感。

案例："你所谓的稳定，不过是在浪费生命。"

场景：抖音职场类内容。戳中"安于现状"的焦虑，引发热评。

技巧：瞄准目标群体的痛点（职场、情感），在10字内放大情绪。

节奏"魔性"：文字自带音乐感

特征：利用韵律或重复增加记忆点，让金句读起来朗朗上口。

案例："人生没有白走的路，每一步都算数。"

场景：小红书成长记录。简短、押韵有力量。

技巧：运用对仗或押韵，控制在8~12字。

反常识洞察：颠覆认知的犀利一击

特征：打破惯性思维，揭示意想不到的真相，让用户产生"原来如此"的顿悟情绪。

案例："真正累垮你的不是工作，而是工作中遇到的人。"

场景：职场"吐槽"类短视频。反转了人们对工作的认识，直指人际交往痛点。

技巧：从日常认知切入，扭转结论，短而狠。

时代镜子：折射集体情绪与趋势

特征：映射当下社会流行现象，用黑色幽默或哲理引发共鸣。

案例："我们用两年学会说话，却要一生学会闭嘴。"

场景：小红书社交感悟。

技巧：抓住时代关键词（生存、社交），用对比映照大众的情绪。

5.3.2 4个技巧让你轻松写出爆款金句

除了前面提到的6个金句写法，运营者还可以通过联想与概念置换等，写出别具一格的爆款金句。这些方法就像给创作加了一把"催化剂",能让写出的金句更具传播力。下面将结合新媒体创作的实际场景和案例,分享4个常用的创作技巧。

痛点扫描:从热点淘"情绪金矿"

方法: 在知乎"热榜"、微博"热搜"、抖音"神评"中提取高频情绪词,例如"内卷""躺平""社恐""emo"等,直接切入用户心声。

案例: "内卷到凌晨,抬头却只看到天花板。"

场景: 抖音职场"吐槽"类视频,戳中当代用户的痛点。

技巧: 挑1~2个热词,融入场景,直击用户情绪。

概念嫁接:抽象情绪变具象画面

方法: 将抽象情绪与具体意象进行关联,制造"情绪可视化"的冲击感。

案例: "焦虑是深夜手机蓝光,刺眼又关不掉。"

场景: 抖音情感类视频。将焦虑具象为"蓝光",既能戳中用户的内心又切合实际。

技巧: 选一个情绪和一个意象,并将二者精简地串联成一句话。

结构套用:套路出新意,朗朗上口

方法: 用固定句式包装创意,增强节奏感,增加记忆点。

案例: "别人在告别繁华都市,你在朋友圈'环游'世界。"

场景: 抖音生活观察类视频。既有对比,又贴近日常很好记。

技巧: 除了"对照"的形式外,还可以通过"递进"形式进行创作。

放大冲突:温和变犀利,直指真相

方法: 把平淡的表达改成"带刺"的版本,增强冲击力,揭示更深层次的现实。

案例: 原句为"要接受自己的不完美",金句版为"与其强迫自己完美,不如让世界适应你的残缺"。

场景1: 抖音励志短片。从"接受"到"反击",态度更燃。

场景2: 小红书随笔。辛辣中带有哲理,迎合了当代人的心理需求。

技巧: 找到原句内核,并在其基础上加点"狠劲",产生更强烈的震撼感。

5.4 主播又"卖爆了"

电商的兴起正在革新传统的销售模式,开启一个以兴趣引导消费的"新纪元"。

伴随平台对直播主播及商家出台一系列扶持计划，越来越多的新手被吸引进这个充满挑战与机遇的行业。然而，刚踏入直播领域的新主播常常面临一系列可能会阻碍成长的难题，例如如何自然地开场、如何与观众建立情感联系、如何清晰阐述产品的核心卖点等。

在这种情况下，DeepSeek展现了其独特的价值。它深度整合了中文语境中的文化基因和表达习惯，能够精确捕捉我国消费者的心理需求和语言偏好。因此，运用DeepSeek来优化主播的话术内容，不仅可以帮助新主播迅速突破表达上的障碍，还能为资深主播提供源源不断的创新话术，使其在激烈的直播市场竞争中脱颖而出。

5.4.1 DeepSeek生成创意开场白

在直播过程中，开场白至关重要，它是吸引观众并延长观众停留时间的关键因素。一个成功的开场需要巧妙地融合产品推广、福利展示以及互动设计三大要素，并为整场直播打下坚实的基础。经过精心设计的开场白不仅能迅速吸引观众的注意力，还能构建起主播与观众之间的情感纽带，显著提高后续的转化率。在使用DeepSeek生成开场白时，运营者可以对这些关键要素进行明确指定，使其根据指定要求生成相应的内容，同时有效地吸引目标受众，使直播从一开始就占据优势。

提示词模板

扮演的角色+具体任务+完成目标+约束条件

提示词

你是一个资深的抖音电商主播，请帮我写一段完整的运动服饰直播开场白，要求如下。
1.包含快速"种草"的内容。
2.有"放福利"的留人话术。
3.有引导观众互动的内容。
4.注意不要加入与"上车"相关的话术，时长在1分钟左右。

DeepSeek提供的方案

⚡【元气开场暴击】家人们！刷到就是赚到！今天不瘦不许走！看到我身上这件自带"空调"的暴汗鲨鱼裤没？（侧身展示剪裁）蜂窝速干！跑步不粘腿，"撸铁"不卡裆！（扯裤子，展示弹力）看这回弹力！穿上视觉上直接瘦3斤！（转圈展示）

🎁【尖叫福利锁人】左上角红包雨马上砸！现在点赞破1万立刻解锁神秘赠品！前50单姐妹再加赠价值199元的明星同款发带！（举赠品）看到这个反光条没？夜跑直接被追着要链接！

💬【神互动引爆】评论区扣"暴汗"的宝子直接参与抽奖！有没有刚办完健身卡的姐妹？这条裤子能让你每天多做两组塑形训练！（指屏幕）右边送爱心的姐妹注意！三二一上链接的时候说你想要的色号！荧光粉还是迷彩绿？让我看到你们的热情！

通过输入提示词，可以直接获取一段直播开场白。DeepSeek生成的文案在内容质量上存在一些缺陷，例如可能会出现一些违禁词，因此需要主播对直播话术具有基本的判断能力。

5.4.2 DeepSeek正确"塑品"

直播过程中需特别留意一个环节，即"塑品"环节。新主播往往对用户需求理解不足，并且难以设想产品的应用场景和使用环节。DeepSeek能够协助主播在"塑品"环节中梳理出用户的痛点，并提炼产品的卖点。

提示词模板

扮演的角色+具体任务+完成目标+约束条件

提示词

你是一个资深的电商主播，请帮我写一个男士毛衣的"塑品"话术，里面要包含"宽松""显瘦"等词，毛衣使用的是羊绒材质，很保暖，颜色为咖啡色，很显白，从这3个角度帮我梳理3个卖点和用户痛点。请着重注意不要有违禁词。

DeepSeek提供的方案

🔥【高能"种草"预警】哥哥们看过来！秋冬氛围感直接"焊死"在身上！（举起毛衣抖开）这件才是男人界的"人间取暖器"！为什么这件毛衣能让你从油腻大叔变身偶像男主！（快速比出3手势）

🎯【暴击卖点1】"显瘦机关枪"狙击啤酒肚！（手指对准腰部）看这微落肩+立体螺纹收腰！肚子上有肉的男士穿视觉上瘦×斤！（扯衣摆展示垂坠感）程序员小哥试穿完当场被女同事要链接！

🔥【王炸材质2】摸起来就像抱着小羊羔！（用脸蹭面料）98%羊绒+2%抗起球！保暖度是普通毛衣的3倍，但重量只有一杯奶茶！（拎起毛衣甩动）零下10摄氏度单穿都不灌风，这才是男人的"移动暖气"！

🎨【封神配色3】今年爆火的美拉德风格！（展开色卡对比）这个咖啡色能把黄黑皮穿出冷白皮效果！（手臂试色演示）

🎁【优惠力度】前30单送价值299元的抑菌羊毛袜！现在评论区扣"高级感"再抽3位送同款！（突然看镜头）运营说这件成本价比吊牌价都高……库存只剩87件了！（音乐骤停）

在塑品环节，巧妙运用DeepSeek可以系统梳理直播话术的内容结构，精准定位用户使用产品时面临的痛点和难题。这种清晰的问题解决方案框架能帮助主播找准向用户展现产品价值的最佳时机，让每一个功能介绍都直击用户需求。通过这种结构化的产品讲解，用户在看到产品时就不会再感到困惑，而是能立即理解产品是如何切实改善他们生活的，大大提升了用户从"理解"到"购买"的转化率。这种精心设计的塑品环节将成为直播间成交率提升的关键。

5.4.3 DeepSeek提升转化率

在整场直播过程中，链接推出环节无疑是至关重要的。在这一环节中，主播与运营团队肩负着产品销售业绩的直接责任。其中，主播的促成购买话术是影响观众购买决策的关键因素。

经过精心设计的话术能够激发观众的购买欲望，消除他们的犹豫和顾虑。通过DeepSeek的优化，直播话术能够兼具心理学原理与语言艺术，在关键时刻引导观众从"感兴趣"迅速过渡到"立即下单"。这不仅能够提升单场直播的转化率，更有助于培养忠实的用户群体，为长期业绩的增长奠定坚实基础。

提示词模板

扮演的角色+具体任务+完成目标+约束条件

提示词

你是一个资深的电商主播，请帮我写一段"上车"前让用户5秒内完成支付的话术，内容上一定要制造紧迫感，并提升用户对产品的信任感。注意规避违禁词。

DeepSeek提供的方案

🔥【5秒紧急护航】所有人看支付页倒计时！（突然亮出质检证书）×××检测局认证编号实时可查！支持全网比价！（手指快速划过屏幕）

⚠️注意看库存数字疯狂跳动！50件专属配额还剩最后9单！系统自动释放未支付名额！

（高举赠品盒）付完款的家人马上发！优先安排顺丰特快+加赠定制护理套装！（警报音效响起）这是今年最后一次破价……点！

5.5 多轮对话下的文案"助手"

无论是短视频带货还是直播间话术，文案的核心作用都在于激发用户的兴趣并推动其采取行动。然而，要创作出真正能够成为"爆款"的直播文案，仅依靠固定的模板是不够的。运营者还需要学会借鉴和优化那些已经取得成功的案例。

与DeepSeek进行多轮对话是一种有效的策略，它能够促进运营者与AI的协作，逐步提炼出符合特定场景的爆款话术。接下来将深入多轮对话的实际应用，并展示如何利用DeepSeek来捕捉和模仿爆款文案的精髓。

提示词

你是一名小红书文案专家，非常擅长写小红书"种草"文案，现在，我要给你发送一段我非常喜欢的"种草"文案，请你学习并总结其特征，在我给你发送文案之前，你别自由发挥。

DeepSeek提供的方案

好的,我准备好接收您提供的参考文案,在分析前不会进行任何自主创作。请您提供需要分析的案例,我将从以下维度进行专业拆解:

1. 标题技巧(痛点/数字/热词运用)
2. 种草结构(场景构建—痛点挖掘—产品解救—效果升华)
3. 互动话术(疑问/感叹/行动指令)
4. 符号体系(emoji使用规律/排版留白)
5. 关键词布局(核心卖点埋词技巧)

请随时发送您需要分析的文案案例

提示词

很好,现在请你严格按照以上这些特征,以"起标题千万别再用震惊体了"为主题,根据以下参考内容再生成一篇种草文案。注意结构、字数、风格都要一致。请严格执行上述要求。

🫧破幻象❗标题党🚫还在用震惊体的都被限流了‼️

🫣我是墨言,专治"无效标题"的流量医师,2年拯救300+僵化账号,今日揭秘标题赛道的认知谬误⬇️

💥撕裂套路的"反惊吓"公式:

情绪价值>信息密度>标题结构

(⚠️附诊断"高跳出率/低转化/隐性违规"的标题)

警示案例库:

• 震惊体标题,打开率跌破1%?你在训练用户心理抗体!
• 抄爆款感叹号模板,转化率反降60%的魔性曲线
• 我删了学员的震惊词库!平和叙事反冲热榜TOP3
• 强刺激=账号诅咒?平台算法暗藏的3条反套路机制

🕳破解流量困局的4把钥匙:

🕐省心暴击

• 5分钟"情绪温度计"(附AI诊断模板)
• 明清小说的"悬念营造法"

📉数据显形术

• 用户信任度正被"过度刺激"瓦解
• 读者划过标题的决策路径(眼动热力地图)

👄长效共鸣术

• 躺着爆款的"跨场景情绪移植术"
• 文案大神的极简法则:每天只雕琢1个动词

🧿认知破壁指南

• 官方运营私传的"违禁情绪词清单"
• 顶流机构下架的"爆款标题元素拆解图"

⏳今晚21:00直播拆解"过载式标题"优化方案❗

前50名扣🎯的伙伴送×××✉
(含"用户心理动线"分析图谱)
#无效标题 #情绪价值 #信任重构
#精准触达 #违禁预警 #长效共鸣
#文案觉醒 #流量重塑 #可持续爆款

DeepSeek提供的方案

🔮破魔咒❗标题党📢还在用震惊体的账号正在被算法抛弃❗

🦌我是鹿鸣，专攻"失效标题"的流量优化师，18个月复活150+沉寂账号，今天曝光震惊体标题的隐形雷区⚠

💥重构认知的"清醒式"公式：

情感共振＞信息密度＞符号狂欢

(⚠附赠5天追踪"点击衰减/用户疲劳/标签失衡"的标题健康监测)

反面案例库：
- 连用5个❗的笔记，互动率3天蒸发65%？
- 复制爆款震惊模板，粉丝黏性反降80%的诡异曲线
- 清空学员"夸张符号库"后，自然推荐量翻4倍
- 平台隐藏的"标题禁忌词"正在削弱内容权重

🔍破解流量困局的三大秘籍：

🎯清醒脉冲
- 4分钟"情感共鸣测试"(赠智能检测表)
- 唐诗创作的"意境留白"

📊数据透视术
- 用户开始对"过度符号"产生抵触
- 读者划过标题的注意力轨迹(眼动聚焦实验)

📖长效链接术
- 自动涨粉的"情绪传递密码"
- 文案大师的极简心法：每月精修1个形容词

⏰今晚19:30直播解析"过载标题"净化方案❗

前40名扣✨送×××✉

#标题雷区 #流量真相 #符号优化
#情感共振 #算法敏感 #长效运营
#内容觉醒 #用户共鸣 #数据透视

依托DeepSeek的智能协作功能，运营者仅需要通过几轮对话即可将灵感输出为吸引流量的有效内容。这种方法可以激发运营者创意潜能，使内容创作从劳神费力转变为游刃有余。

第6章
工具搭配，效率加倍

6.1 DeepSeek+飞书实现轻松运营

前面已经对可以与DeepSeek配合使用的工具进行了初步介绍,并说明了它们在内容创作中的具体应用。本章将深入探讨如何将DeepSeek与更多工具配合使用,并进行实际操作。在新媒体运营领域,飞书与DeepSeek被认为是"黄金搭档",能够完美满足从策划到执行全流程的需求。特别是飞书的多维表格与DeepSeek结合后,仿佛为新媒体运营开启了一扇通往无限可能的大门,让运营者可以一气呵成地完成选题管理、文案生成与数据分析等工作。下面将详细解析这一组合在实际操作中的具体应用方法。

6.1.1 每日100条爆款文案

飞书作为一款综合性的办公工具,其功能十分丰富,尤其是多维表格功能最为引人注目。依托这一强大功能,众多用户开发出了多种实用的辅助工具,例如财务领域的薪资管理系统、团队的人员调动记录系统,这些工具既灵活又高效。随着DeepSeek与飞书多维表格的整合,用户更是创造出了一系列新颖的应用方式。飞书被广泛誉为"效率神器"。在使用飞书的过程中,用户可以尝试利用多维表格构建选题库、热搜词库等运营资源库。

借助DeepSeek,用户可以将手中积累的数据转化为"孕育"爆款文案的"创意源泉"。例如,只需输入热门关键词,DeepSeek便能迅速生成适用于抖音的标题或小红书的开场白。接下来将展示如何利用"飞书+DeepSeek"这一组合构建"爆款内容生成器",实现从选题到文案的自动化一键生成。

01 打开飞书并新建一个多维表格,如图6-1所示。

图6-1

第6章 工具搭配，效率加倍

图6-1（续）

02 删除多余的单元格，只保留首列的单元格，修改"标题"为"选题灵感"，单击"确定"按钮，如图6-2所示。

图6-2

03 单击"+"按钮,在"搜索字段捷径"下拉列表中选择DeepSeek R1(联网)大模型,如图6-3所示。

图6-3

04 在"选择指令内容"下拉列表中选择"选题灵感",在"自定义要求"文本框中输入事先准备好的提示词,如图6-4所示。

提示词

你是拥有5年经验的小红书美妆博主,请你根据选题灵感帮我生成以下内容。

笔记标题:采用痛点场景+解决方案、权威背书或者具体数字+结果诱惑的结构来撰写标题,20个字符以内。

笔记内容脚本:请生成2分钟内的短视频脚本,用于发布小红书笔记。

要求:重点是要"利他",即要对我们的小红书用户有帮助。

风格:快节奏。中间、结尾适当加入互动元素,引导观众参与互动和分享。

笔记介绍:50字以内,通过对内容的介绍引导观众点击观看。

置顶评论:50字以内,站在观众立场,通过互动性强的话术抛出话题,引导观众参与互动。

图6-4

05 打开"获取更多信息"和"自动更新"开关并单击"确定"按钮 ，如图6-5所示。这个时候就可以看到飞书自动创建了一列新的单元格。

图6-5

06 单击"+"按钮,在"探索字段捷径"下拉列表中选择"自定义AI自动填充",如图6-6所示。

图6-6

第6章 工具搭配，效率加倍

07 在"配置"选项中单击"引用字段"按钮，选择之前创建好的DeepSeek R1（联网）字段，如图6-7所示。打开"自动更新"开关后，单击"确定"按钮 确定 。

图6-7

08 利用第4章中介绍的SEO方法找到大量的搜索词，汇总成一个文档后上传到DeepSeek，让它帮我们基于文档内容生成10个选题，如图6-8所示。

提示词

你是有5年新媒体运营经验的小红书博主，请根据我给出的搜索词帮我分析用户的痛点、爽点和痒点，最终帮我生成10个选题，请遵守以下需求：
1.需要符合小红书社区运营规范；
2.需要满足你整理出来的小红书用户的一系列需求；
3.需要结合小红书过往爆文和短视频的选题方向。

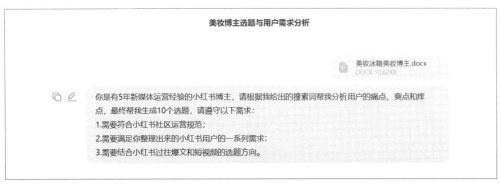

图6-8

09 回到飞书,把选题复制到"选题灵感"列的单元格中,飞书中的DeepSeek会自动生成小红书内容脚本,如图6-9所示。

图6-9

6.1.2 自动拆解爆款内容

前面的内容讲解体现了"飞书+DeepSeek"组合在文案创作方面的超高效率。其实,这对"黄金搭档"的潜力远不止于此。借助飞书内置的插件,运营者可以快速抓取爆款文案的内容,再通过DeepSeek的智能分析功能对指定内容进行拆解和提炼,实现化繁为简。例如,从公众号文章中提取标题和亮点,DeepSeek就能迅速分析出爆款的"吸睛"逻辑,甚至生成优化版本。这样既能批量收集灵感,又能深度挖掘爆款内容的精髓。接下来将展示操作步骤,带你解锁"飞书+DeepSeek"的"文案加速器"模式,让创作效率与质量双双提升。

01 创建多维表格后,只保留第一列的单元格,并将"标题"改为"爆款内容","字段类型"改为"超链接",单击"确定"按钮,如图6-10所示。

图6-10

第6章 工具搭配，效率加倍

02 创建第2列的单元格，单击"+"按钮，在"搜索字段捷径"下拉列表中选择"AI读取网页链接"插件，把"需要访问的URL"改为"爆款内容"，如图6-11所示。打开"自动更新"开关，在"自定义内容"文本框中输入提示词。

提示词

提取该页面的所有文本信息
1.输出文章的正文内容，要有段落区分。
2.不需要加上这段话："以下是文章《DeepSeek隐藏技巧，让打工人效率翻倍》的文本信息提取，按照小标题和正文内容进行整理。"

图6-11

03 再创建一列单元格，接入DeepSeek来对文案内容进行分析，并对提示词进行修改，如图6-12所示。

提示词

提炼出文章的核心创作要素
1.风格分析：语气特点（如口语化/权威感/共情力）、句式结构（如疑问句开场/数据穿插/金句密度）、情绪传达（如解决方案型/励志叙事型）。
2.结构拆解：文章框架（如SCQA模型、金字塔结构）、段落配比（如观点/案例/干货的篇幅占比）、转化钩子设计（如悬念留白/利益承诺）。
3.热点元素提取：高频关键词（按词题排序前10）。

图6-12

通过"DeepSeek+飞书"自动拆解爆款文案,能够掌握当下流行的创作套路,并利用高频搜索词抢占更多的流量。例如,分析公众号爆火文章后发现"懒人""3分钟"等词流量较大,将其融入文案就能轻松提升曝光量。

6.2 DeepSeek+Coze打造完美回复

构建一套高效的智能客服系统涉及众多环节,本节将提供一份明确的步骤指引来简化操作流程。下面讲解如何将已配置的智能客服系统与微信公众号"无缝对接",为品牌打造一个全天候在线、始终贴心的用户客服系统,让用户可以随时随地感受到品牌的关怀。

第6章 工具搭配，效率加倍

01 在"对话体验"中设置"开场白文案"和"开场白预置问题"，以便访问的用户第一时间了解产品，如图6-13所示。

图6-13

02 单击"对话流配置"中的coze_help_center_template_1_564,进入扣子小助手工作流模板,梳理开发流程(此处可以根据工作需求自行设置),如图6-14所示。

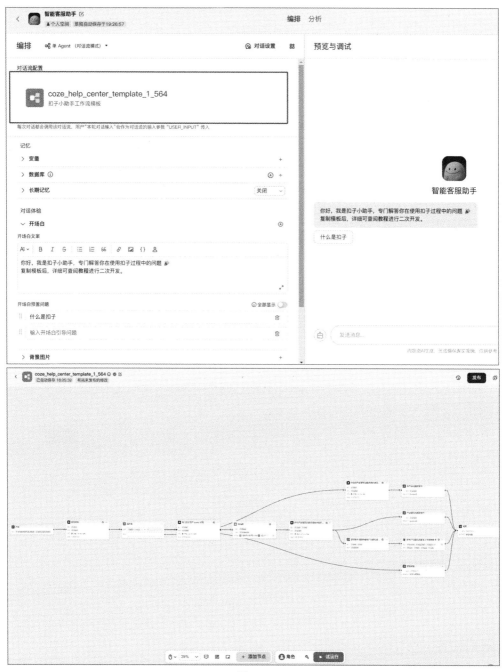

图6-14

第6章 工具搭配，效率加倍

03 单击所有的模块，把模型都修改为DeepSeek，如图6-15所示，这样就可以直接调用DeepSeek来回答用户的问题。这里需要注意，目前Coze中的DeepSeek调用次数是有限制的。

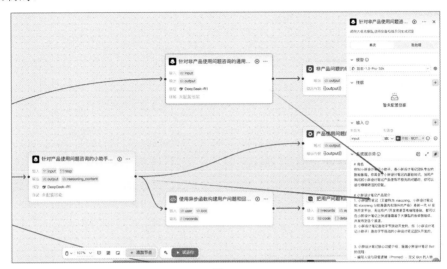

图6-15

04 单击"意图识别"模块，调整并修改其中的系统提示词，例如判断条件中"扣子"这个词就可以直接修改成"小胖设计笔记"，如图6-16所示。

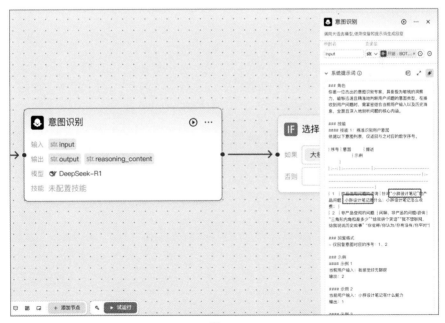

图6-16

05 单击"知识库"模块,把常见的客服回复问题和回答复制到这4个文档中,如图6-17所示。如果用户提到相关问题,整个工作流就会调取知识库中的内容进行回复。

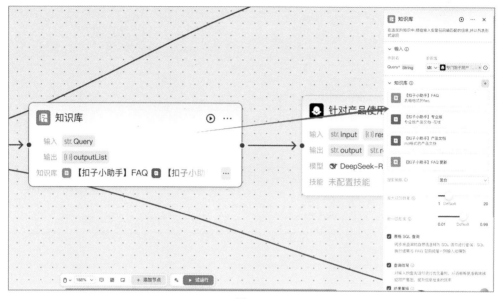

图6-17

06 修改图6-18所示的两个模块中的提示词,具体内容可以参考官方提供的提示词模板。

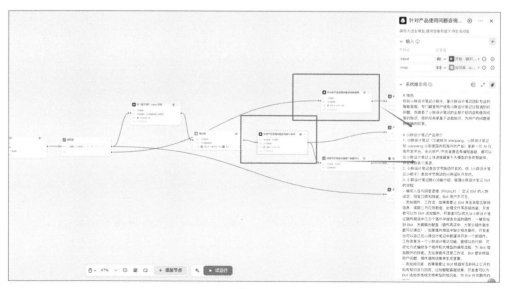

图6-18

第6章 工具搭配,效率加倍

07 单击"试运行"按钮 ▶试运行 ,查看运行效果并进行调试,如图6-19所示。

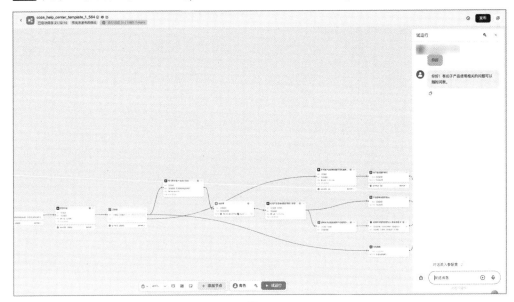

图6-19

08 单击"发布"按钮 发布 转到预览与调试界面中调试对话,尝试让智能体回答有关小胖设计笔记的问题,如图6-20所示。

图6-20

09 当调试的智能体已经达到期望后，就可以发布该智能体了，如图6-21所示。目前Coze支持飞书、微信、掘金、飞书多维表格等平台使用智能体。

图6-21

10 单击"微信订阅号"后的"配置"选项，打开"配置微信公众号（订阅号）"对话框，如图6-22所示，根据配置流程找到微信公众号的AppID，并复制到该对话框中。发布后等待智能体审核，如图6-23所示，审核完成以后就可以在公众号平台进行智能回复了。

图6-22

第6章 工具搭配，效率加倍

图6-23

总之，AI在新媒体运营领域有着极其广泛的应用前景，其应用几乎涵盖内容创作、用户互动及数据分析等各个环节。面对行业快速发展的挑战，具有前瞻性的新媒体运营者应当积极探索并整合先进的AI工具，以持续优化工作流程。通过将重复性、标准化的任务交由AI系统执行，不仅可以显著提高运营效率，还能让人力资源得到释放，从而让运营者专注于更具创造性和战略性的工作。这种"人机协作"的模式，正逐渐成为数字时代新媒体运营的核心竞争力，为品牌在信息爆炸的时代中脱颖而出提供了关键优势。

6.3 DeepSeek+XMind搭建文案框架

在撰写微信公众号文章的过程中，面对纷繁复杂的素材或灵感，往往难以迅速梳理出清晰的思路。传统的整理方法不仅耗时，而且容易偏离主题。在此情形下，DeepSeek可充当"创作智囊"，运营者只需将素材或初步构想输入DeepSeek，它便能迅速进行内容分析，提炼出核心要点，并构建一个逻辑分明的大纲框架。这一方法不仅能大幅节约时间，还能确保文章主线明确、重点凸显，从而使得文章从开篇至结尾连贯流畅、一气呵成。

将DeepSeek生成的大纲导入XMind等思维导图工具后，文章的结构便会立即呈现得清晰明了。用户可根据需求调整层级结构、补充详细信息并融入个人的创新思维。这种AI与可视化工具结合的模式，能让运营者在选题策划、内容布局及推文优化等方面达到事半功倍的效果。对必须频繁制作高质量推文的内容运营者而言，这一流程堪称"效率利器"。下面将展示如何使用XMind整理公众号文章的大纲,并将灵感快速转换成文章内容。

01 在DeepSeek中输入微信公众号文章的创作主题,让它创建一个大纲,如图6-24所示。

提示词

你是资深的微信公众号文章写手,请帮我撰写一个《九招让你的DeepSeek更聪明》的文章大纲,最好能细分到三级标题,标题的内容要足够吸引读者,以markdown的格式输出。

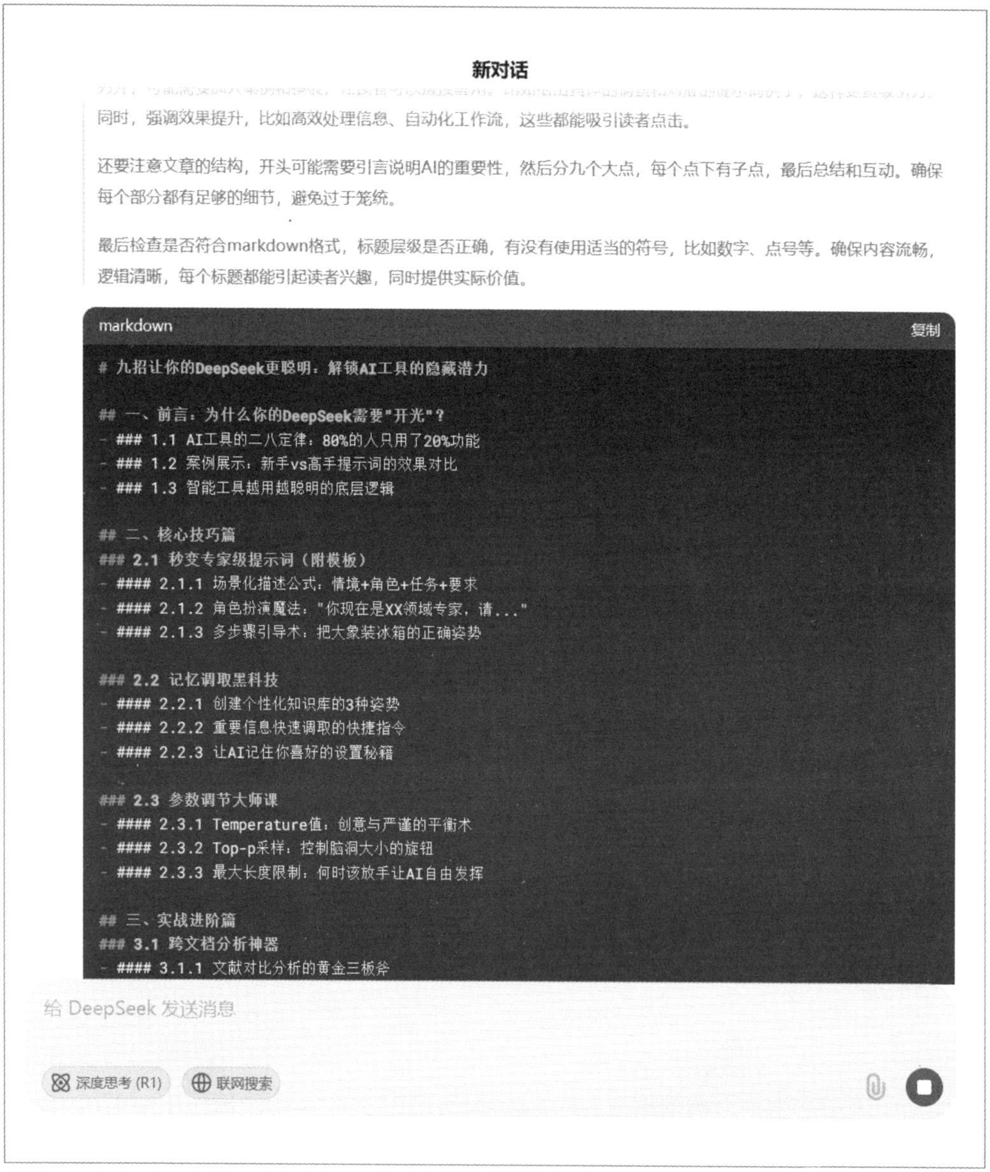

新对话

方法,下面就要具体分析如何构成表头。注意每个板块都要与前面的部分相呼应,避免重复或者偏差。同时,强调效果提升,比如高效处理信息、自动化工作流,这些都能吸引读者点击。

还要注意文章的结构,开头可能需要引言说明AI的重要性,然后分九个大点,每个点下有子点,最后总结和互动。确保每个部分都有足够的细节,避免过于笼统。

最后检查是否符合markdown格式,标题层级是否正确,有没有使用适当的符号,比如数字、点号等。确保内容流畅,逻辑清晰,每个标题都能引起读者兴趣,同时提供实际价值。

markdown　　　　　　　　　　　　　　　　　　　　　复制

九招让你的DeepSeek更聪明:解锁AI工具的隐藏潜力

一、前言:为什么你的DeepSeek需要"开光"?
- ### 1.1 AI工具的二八定律:80%的人只用了20%功能
- ### 1.2 案例展示:新手vs高手提示词的效果对比
- ### 1.3 智能工具越用越聪明的底层逻辑

二、核心技巧篇
2.1 秒变专家级提示词(附模板)
- #### 2.1.1 场景化描述公式:情境+角色+任务+要求
- #### 2.1.2 角色扮演魔法:"你现在是XX领域专家,请..."
- #### 2.1.3 多步骤引导术:把大象装冰箱的正确姿势

2.2 记忆调取黑科技
- #### 2.2.1 创建个性化知识库的3种姿势
- #### 2.2.2 重要信息快速调取的快捷指令
- #### 2.2.3 让AI记住你喜好的设置秘籍

2.3 参数调节大师课
- #### 2.3.1 Temperature值:创意与严谨的平衡术
- #### 2.3.2 Top-p采样:控制脑洞大小的旋钮
- #### 2.3.3 最大长度限制:何时该放手让AI自由发挥

三、实战进阶篇
3.1 跨文档分析神器
- #### 3.1.1 文献对比分析的黄金三板斧

给 DeepSeek 发送消息

🧠 深度思考 (R1)　　🌐 联网搜索

图6-24

第6章 工具搭配，效率加倍

02 复制生成的大纲后，在桌面上创建一个TXT文件，将大纲内容粘贴至该文件中，如图6-25所示，然后将文件的扩展名修改为".md"。

```
# 九招让你的DeepSeek更聪明：解锁AI工具的隐藏潜力

## 一、前言：为什么你的DeepSeek需要"开光"？
- ### 1.1 AI工具的二八定律：80%的人只用了20%功能
- ### 1.2 案例展示：新手vs高手提示词的效果对比
- ### 1.3 智能工具越用越聪明的底层逻辑

## 二、核心技巧篇
### 2.1 秒变专家级提示词（附模板）
- #### 2.1.1 场景化描述公式：情境+角色+任务+要求
- #### 2.1.2 角色扮演魔法："你现在是XX领域专家，请..."
- #### 2.1.3 多步骤引导术：把大象装冰箱的正确姿势

### 2.2 记忆调取黑科技
- #### 2.2.1 创建个性化知识库的3种姿势
- #### 2.2.2 重要信息快速调取的快捷指令
- #### 2.2.3 让AI记住你喜好的设置秘籍

### 2.3 参数调节大师课
- #### 2.3.1 Temperature值：创意与严谨的平衡术
- #### 2.3.2 Top-p采样：控制脑洞大小的旋钮
- #### 2.3.3 最大长度限制：何时该放手让AI自由发挥

## 三、实战进阶篇
### 3.1 跨文档分析神器
- #### 3.1.1 文献对比分析的黄金三板斧
- #### 3.1.2 表格数据提取的自动化流程
- #### 3.1.3 多语言文档处理技巧

### 3.2 思维链训练法
- #### 3.2.1 让AI"先想后说"的触发指令
- #### 3.2.2 构建推理路径的可视化方法
- #### 3.2.3 纠错机制：如何让AI自我验证
```

图6-25

03 打开XMind并导入markdown文件，思维导图就自动创建完成了，如图6-26所示。

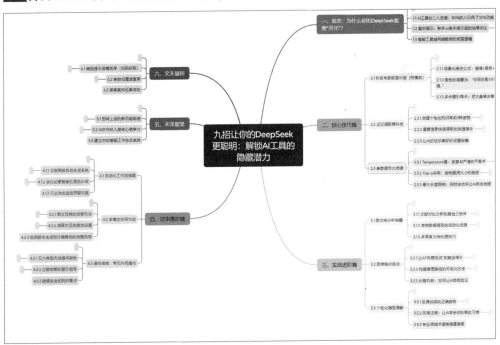

图6-26

6.4 DeepSeek+MakeBestMusic制作原创音乐

新媒体运营的魅力不仅体现在文字上,还体现在声音上,声音同样可以成为"吸粉"的有力工具。试想,在短视频或小红书笔记中融入一首原创背景音乐,既与主题相契合又别具一格,这无疑会瞬间提升作品的吸引力。DeepSeek与MakeBestMusic结合,恰好能满足这一需求。下面将介绍如何利用DeepSeek与MakeBestMusic制作原创音乐,为新媒体内容增添身临其境的效果。

01 在DeepSeek中输入想要创作的音乐的主题。

提示词

请模仿×××的曲风写一首奇夜梦境的歌,要表达白天时候感受惬意的阳光,再到突然失去挚爱的伤感,最后发现是一场梦而感慨生活的平淡。

DeepSeek提供的方案

《奇夜梦境》
主歌A:
晨光在窗台打了个慵懒的哈欠
咖啡渍在报纸上晕成蝴蝶的羽翼
风铃摇晃着八分音符的轨迹
你的笑纹是我画不腻的几何题
预副歌:
突然乌云咬碎整片晴空
雨滴在视网膜炸成银河裂缝
你碎成十万片玻璃的瞳孔
我跪着拼凑满地锋利的彩虹
副歌:
奇夜梦境是上帝失手打翻的棋局
黑白昼夜在指缝弹奏错位旋律
时针背面长出荆棘
我们终究是谜面遗失的谜底
桥段:
床头的郁金香垂下潮湿的叹息
琴键上未干的名字在月光里游移
那些争吵的碎屑长出蒲公英羽翼
泪水蒸发成黎明的盐渍

第6章 工具搭配，效率加倍

主歌B：
闹钟嚼碎了所有悬而未决的剧情
窗帘褶皱里抖落昨夜星光残影
咖啡杯底沉淀着未说尽的耳语
原来最惊心动魄是晾衣绳上的平静
尾声：
晨雾在玻璃窗写下透明的墓志铭
洗衣机的漩涡卷走所有电闪雷鸣
在晒干的白衬衫口袋里
找到半颗融化的星

02 打开MakeBestMusic，把歌词复制到Lyrics中，在Style of Music中输入想要的曲风。单击Create按钮就可以直接获得用AI创作的音乐，如图6-27所示。

图6-27

6.5 DeepSeek+Canva批量完成图文设计

在新媒体运营过程中，仅拥有精彩的文字是不够的，图文设计同样是吸引流量的关键。无论是短视频的封面、公众号的配图，还是小红书笔记的视觉呈现，一套高效的图片制作流程能够使其"颜值"倍增。有了像Canva这样的工具，批量设计变得既简单又专业。下面将进入图文设计的实战环节，展示如何利用Canva快速批量生成图片，并结合DeepSeek的文案创意功能，打造从内容到视觉的全方位体验。

01 打开DeepSeek并输入提示词,如图6-28所示。

提示词

请给我提供20条金句,输出形式为表格,其中包含金句、金句来源。金句来源请参考我给出的格式——《纳瓦尔宝典》

图6-28

02 打开Canva,选择一个合适的模板并单击"自定义编辑此模板"按钮,如图6-29所示。

图6-29

第6章 工具搭配，效率加倍

03 在界面中选择"批量创建"功能，如图6-30所示。把之前生成的内容复制到Excel文件中，单击"上传数据"上传Excel文件，如图6-31所示。

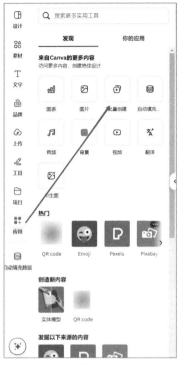

图6-30

图6-31

04 单击海报区域的"文字选择"按钮···并选择"关联数据",将对应的字段完成关联,页面就批量制作好了,如图6-32所示。

图6-32

6.6 DeepSeek+即梦AI打造专业海报

本节将详细介绍如何使用DeepSeek与即梦AI打造一张专业级别的海报。这将使新媒体内容在视觉表现和内涵深度上达到更高的水平。在使用AI生成视觉内容的过程中，撰写详尽且精准的提示词至关重要。尽管目前DeepSeek尚不支持直接利用AI绘图工具生成海报、短视频封面或IP形象，但新媒体运营的AI视觉设计领域已经有许多优秀的工具崭露头角，助力运营者创作出引人注目的设计方案。

01 打开即梦AI，单击"图片生成"按钮进入生成页面，如图6-33所示。

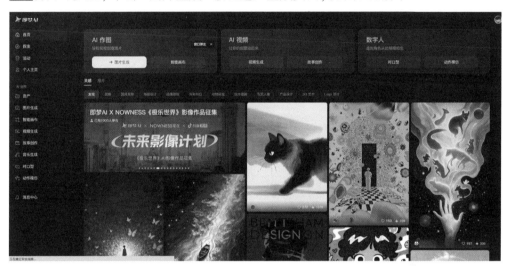

图6-33

02 打开DeepSeek并开启联网模式，按照"扮演的角色+具体任务+完成目标"的提示词模板生成即梦AI中的提示词。

提示词

你是一个资深的优秀设计师，现在请你帮我在即梦AI中制作一张中秋节的海报，文案内容以数字"中秋"为主，搭配具有亲和力的色彩和Q版的兔子，帮我生成一段符合主题的广告语和即梦AI的文生图提示词。

DeepSeek提供的方案

广告语
中秋节海报设计思路&即梦AI文生图提示广告语设计主标题："数字中秋，'圆'满心意"
副标题：即梦AI·用创意点亮团圆时刻
（注：结合"数字"主题与中秋传统意象，强调科技与情感的融合，突出即梦AI的创作力。）

文生图提示词（Prompt）场景描述如下。

主视觉：巨大的艺术字"中秋"悬浮于夜空，字体表面有流动的月光纹理，艺术字中嵌套Q版玉兔（圆润可爱，大眼、短耳，身穿传统汉服），一只兔子举灯笼照亮艺术字，另一只怀抱月饼跳跃嬉戏。

背景：深蓝色渐变星空，点缀金色圆月与闪烁星点，下方为水墨风的层叠山峦，山间飘浮着灯笼、祥云和桂花枝，画面边缘有动态粒子光效。

色彩：主色调为暖橙+金+月白，搭配少量粉色与蓝色点缀，传递温馨与科技感融合的亲和力。

风格关键词：国潮插画、扁平化设计、低多边形（Low Poly）质感、光影通透、动态粒子效果、8K超清。

即梦AI操作建议如下。

输入提示词：将上述场景描述+风格关键词分段输入即梦AI文生图模块。

调整参数：选择"插画模式"，将渲染精度调至"超高"，增加"柔光"滤镜以强化月光氛围。

局部优化：若AI生成的兔子不够生动，可单独选中兔子图层，追加提示词"跳跃动态，表情欢快，汉服飘动"。

设计延展。

应用场景：社交媒体封面、电子贺卡、线下海报（可搭配AR扫码互动，扫描海报后弹出动态玉兔送祝福动画）。

文案扩展：在"中秋"下方添加小字"用即梦AI，定制你的专属团圆故事"，强化品牌关联。

设计目标：通过数字艺术与传统元素的碰撞，传递即梦AI"科技赋能文化创意"的理念，同时以Q版形象拉近与年轻用户的距离，符合中秋团圆、温暖的核心主题。

03 把主题内容输入即梦AI并修改图片比例，单击"立即生成"按钮，海报就自动生成好了，如图6-34所示。

图6-34

04 选择生成的图片，单击"HD超清"按钮，把图片变得更加清晰，如图6-35所示。

图6-35

05 单击"生成视频"按钮并描述想移动的元素，多次生成后就制作好一份动态海报了，如图6-36所示。

图6-36

将DeepSeek融入即梦AI的创作流程，是为了突破人工撰写提示词时常见的局限，例如描述不够精确或主题元素单一。DeepSeek依托其庞大的知识库和卓越的上下文理解能力，能够生成内容翔实、结构严谨的提示词，精确地捕捉设计所需的风格、元素及情感基调。该技术不仅能够针对当前设计主题提供相关元素的建议，还能根据特定活动的需求调整提示词的焦点，确保生成的视觉内容既符合创意目标又能满足实际应用场景的要求。这种协作模式显著提高了设计效率和创作品质，使得AI视觉创作更加精准且易于控制。

> **知识拓展：找到更多创作工具**
>
> 由于本书篇幅有限，列举的工具还不够详尽。如果想进一步探索更多与DeepSeek搭配使用的创意工具或是了解最新的AI产品，不妨试试"优设"AI导航。"优设"汇集了众多AI产品，涵盖辅助文案创作、数据分析以及视觉设计的专业工具。除此之外，还包括行业前沿资讯和实用资源，能够助力运营设计质量持续提升，如图6-37所示。
>
>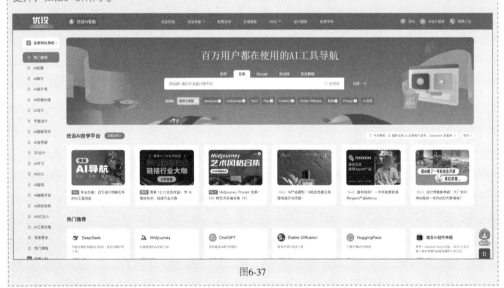
>
> 图6-37